四川省2020—2021年度重点图书出版规划项目

/鹾/海/博/览/丛/书/

盐商

王俊芳　谢金勇　李钰滢○著

西南交通大学出版社
·成都·

图书在版编目（CIP）数据

盐商 / 王俊芳，谢金勇，李钰滢著. -- 成都：西南交通大学出版社，2024. 7. -- ISBN 978-7-5643-9912-2

Ⅰ. F426.82

中国国家版本馆 CIP 数据核字第 2024YU7900 号

Yanshang
盐　商

王俊芳　谢金勇　李钰滢 / 著	策划编辑 / 黄庆斌　罗俊亮　胡　军 责任编辑 / 李　欣 封面设计 / 原创动力

西南交通大学出版社出版发行
（四川省成都市金牛区二环路北一段 111 号西南交通大学创新大厦 21 楼　610031）
营销部电话：028-87600564　　028-87600533
网址：http://www.xnjdcbs.com
印刷：成都蜀通印务有限责任公司

成品尺寸　170 mm × 240 mm
印张　13.75　　字数　135 千
版次　2024 年 7 月第 1 版　　印次　2024 年 7 月第 1 次

书号　ISBN 978-7-5643-9912-2
定价　65.00 元

图书如有印装质量问题　本社负责退换
版权所有　盗版必究　举报电话：028-87600562

前言

盐与中华文明的起源相伴随。现在人们已经形成这样的共识：盐是一把了解和打开中华民族历史的"白金"钥匙。民族史学家任乃强先生多次谈到中华民族文化和盐的密切关系，历史学家钱穆也以解县（即解州，今山西运城解州镇）盐池来说明盐与中华文明的关系。的确，在当时的古代中国，中原各部族谁占据盐池，便可成为各部族的共同领袖。黄帝之所以强大，与他先占有并控制解州盐池密切相关。

正是由于盐的重要性，在中国古代社会的大部分时间里，盐业都是一个重要的行业，对国计民生产生着重要影响。一定意义上说，春秋时期的齐国之所以成功称霸并成为五霸之首，与齐地的盐紧密相关。盐税，在皇权专制的两年多年中，基本都是国家赋税的重要组成部分。该行业的从业人员众多，有从事生产的盐民、盐工，也有进行管理的盐官，还有既与生产有联系又主要运作于流通领域的盐商。

作为盐业中的一个重要群体，盐商的来源和社会构成是复杂的，类别也多，有边商、内商之差，也有窝商、场商、运商之别，还有陕商、徽商之分。从利润获取的难易程度和多少来看，与其他商人相比较，盐商更容易获得更多财富，并且数额更大。从生活状态和社会地位上来看，盐商整体上比其他社会群体经济状况较好，但不少盐商很难获得与之匹配的社会地位，特别是那些在短时间内迅速致富的盐商。于是，为了改善或提升自己的社会地位，盐商会通过各种方式来取得社会的认可和尊重，如出资修建学校、改善基础设施等。从与政府和官僚的关系上来看，该群体游走于官方和民间，受朝廷和政策的限制，常常需要谨慎做事；但整体看，盐商与官僚权力捆绑于一起，与朝廷及官府关系密切。盐商的社会功用和影响也很大，如在清代，盐商所交盐税成为政府财政收入的第二大来源，在社会文化艺术方面也有不可小视的贡献，如扬州、自贡盐商给经济、政治、社会带来巨大影响的同时，对文化教育、地方戏曲、书画艺术等方面贡献也很大，盐商的捐官、兴祠、资助士人等也都对整个社会产生了重要影响。

本书将盐商视为盐业的一个重要群体和整个社会中的一个特殊群体，从其兴衰沿革、构成、不同盐区的盐商特点及代表性盐商、盐商的组织与管理、盐商与官府以及其他群体的关系、盐商的社会贡献和影响等方面加以阐明，力图全方位地审视这一重要的社会群体。例如，在盐商的组织和管理部分，我们就采用比较的视角，对不同盐区盐商的特点进行说明：盐商在总体强调儒家伦理的同时，不同地区的盐商侧重又有所不同。徽州盐商特别注重血缘和家族力量，而河东盐商则看重地缘关系；两淮盐商拥有的财富远超其他盐区的盐商，他们与官府的关系也更加紧密，行盐主要精力放在运销上，而四川盐商与官府则表现出若即若离的特点，并且他们将更多精力放在盐业生产而不是运销上。

总之，我们写作本书的初衷和落脚点就是，在整体审视盐商这一重要群体的过程中，力求实现学术性与通俗性的统一，使其既服务于学术研究，又可作为通俗读物。

目录

第一章　盐商兴衰 / 001
一、盐商的兴起与发展 / 002

二、从一般商人到特殊群体 / 011

三、盐商的鼎盛 / 025

四、盐商的衰败 / 035

第二章　不同盐区的盐商 / 043
一、两淮盐商 / 045

二、河东盐商 / 054

三、四川盐商（自贡盐商）/ 061

四、长芦盐商 / 074

五、两广盐商 / 083

六、两浙盐商 / 090

七、莱州湾盐商 / 094

八、贵州盐商 / 101

第三章　盐商组织与管理 / 109

一、盐商组织 / 110

二、盐商与政府的关系 / 118

三、商籍（盐籍）/ 134

第四章　盐商的社会功用及影响 / 137

一、政治经济方面 / 138

二、建筑 / 143

三、文化艺术 / 148

四、教育与人才培养 / 157

五、对学术及地方文化的推动 / 167

六、消费文化 / 184

七、社会公益和慈善事业 / 191

参考文献 / 197

第一章 盐商兴衰

盐　　商

"盐商",顾名思义,就是经营盐业的商人。唐代以后,盐商作为一个特殊群体,或者说专门群体进入人们的视野。盐商通过纳粮、纳税等方式取得"盐引","盐引"也称"交引",即政府发给盐商的食盐运销许可证,盐商凭借盐引,在"引地"(专卖盐的区域)内实行专卖。到明清时期,盐商特权发展到顶峰,到清朝后期,盐商开始走向衰落。无论是兴起、发展还是衰落,政策的因素都是极为重要的。

一、盐商的兴起与发展

我国历史上最早的盐商应当是胶鬲,《孟子·告子下》中写道:"舜发于畎亩之中,傅说举于版筑之间,胶鬲举于鱼盐之中……"[1],这已经是公元前1000多年前的事了。胶鬲之后则是战国时期著名的盐商猗顿,司马迁曾在《史记·货殖列传》中写道:"猗顿用盬盐起。而邯郸郭纵以铁冶成业,与王者埒富。"[2]可以看出,经营盐业可以获得不菲的收入。由此可见,

---

[1] 万丽华、蓝旭译注:《孟子》卷十二·告子下,北京:中华书局,2016年,第229页。

[2] 〔汉〕司马迁著,李瀚文编:《史记》货殖列传卷一百二十九,中华书局,2016年,第2229页。

第一章 盐商兴衰

制盐、贩盐等的确是一种获利极大的致富手段。从那一时代开始，商人应该就开始盯上盐这一"富矿"。

（一）盐商兴起与发展的历程

汉初，董仲舒主张将盐铁归于民，使得民众得以鼓铸盐铁，减少税收的负担，从而促进了经济的发展和社会的安定。然而，在汉武帝统治时期，盐铁经营权被收归中央，实行了官方的专卖制度，禁止私人经营。政府为了管理盐业，设立了盐务官署。随着汉武帝统治的结束，盐商政策也发生了多次变化。有时政府继续实行专营制度，自行生产和贩卖盐，禁止私人经营；有时取消了盐铁官署，允许民间自行经营和运输盐，官方税收也相对较少。因此，汉朝的盐商群体经历了诸多波折，他们的命运起伏不定，时而出现在大众视野中，引起广泛关注；时而又似乎销声匿迹，其踪难觅。

唐朝乾元元年（758），盐铁使第五琦初变盐法，推行"榷盐法"，规定凡产盐之地，均设盐官。百姓制盐要拥有盐籍，称作亭户，可免其徭役。亭户所产的盐必须全部卖给官府，官府再每斗盐加100钱卖于百姓，实质就是"官运官销"。宝应元年（762），刘晏继第五琦成为盐铁使后，在此前的盐法基础之上进行改革，要求亭户将所产的盐全部卖给官府，不允许私自卖给私人，官府将所收的盐在盐场转卖给盐商，将税费包含在盐价之

盐　　商

内，盐商缴纳盐价之后，便可以自由销售。这样便形成了"民制、官收、商运、商销"的模式，既可以保证国家的财政收入，又不至于加重百姓的生活负担。这就是将"官运官销"变成"官收官卖"，即就场专卖制。至此，关于盐商的法律成为榷盐法中的重要组成部分。

在这样的情况下，为了有效管理盐商，政府采取了一系列措施。其中之一是将销售量达到一定数量的盐商户口由市籍划入盐籍。只有被纳入盐籍的商人才能从政府管理的盐场中获得盐斤的运销权。这些名列盐籍的商人可以代代相承，享受纳榷后的盐利，有的甚至成为官员，获得丰厚的利润，但不能改变自己的籍贯。盐籍商人的地位独特，他们不受州县的管辖，而直接隶属于盐铁或度支巡盐监。他们还享有某些政治、经济特权。这种特殊的待遇使得一个新型的盐商垄断阶层，也就是"专商"这一群体在社会中崛起。

唐朝后期，由于长期战乱的影响，北方经济遭受严重破坏，国家经济重心逐渐南移，政府开始依赖江淮盐利来维持财政需求。政府大力开发淮南盐区，淮盐的产销进入繁荣时期。淮盐成为盐商丰厚利润的来源，也成为国家赋税重要组成部分。晚唐时期，政府开始划定盐商的粜盐区域，并将符合条件的盐商纳入盐籍。这一举措使得盐商身份备受追捧，成为当时江淮地区人们争相追逐的对象。扬州因成为全国盐商最为集中的商业都市而闻名。

宋代盐商扮演着盐业中的关键角色，享有特权和垄断地

第一章　盐商兴衰

位。北宋太宗雍熙年间（984—987）实行折中法。此前，盐商需向汴京进贡金银丝帛，以此换取交引（盐引）作为凭证，进而凭此交引兑换盐品。然而，时值北方边境军需匮乏之际，官府为缓解困境，下令商人向边疆地区运送粮草。作为对商人贡献的回报，官府亦会发放交引，商人则可凭此交引前往东南沿海盐地区领取盐品。此举既可以满足北方边境的军需供给，又可以让商人得到交引。到了神宗时期（1068—1085），淮盐采用了盐钞法，商人需付现款购买盐钞，然后凭借盐钞到盐场领取盐并销售。至徽宗政和三年（1113），实行了盐引法，政府再次改革盐业，商人可以交钱购买盐引。商人凭借盐引到盐场领取食盐。盐引上详细注明了支盐的数量、运送的时间以及地点等信息，盐场会核对盐引上的信息，然后按照规定的数量和地点向商人发放食盐。最后，商人将领取到的食盐运送到指定的地点进行销售。由此可见，尽管不同时期官府的策略和盐商经营模式有所差异，但盐商始终在盐业和人们的社会生活中发挥着重要作用，并享有特权和特殊地位。

　　元代，盐的生产方式基本承袭自宋代。它是由民间进行生产，并按照定额卖给官府，被称为"办课"。官府收购由灶户生产的盐，用"工本钞"进行结算。然而，在1300年，政府开始推行立仓纲运制度。这一制度包括设立盐仓和派遣盐官负责盐场的运输和管理。盐按照纲运制度储存在各个仓库中，盐商需要前往仓库购买盐，而不得直接从盐场领取。然而，由于频繁的战事和资金需求的巨大压力，最终引入了引票法。这导致了元代后期

盐　商

盐法的破坏，官方和商人开始竞相拍卖盐，私盐在市场上大量流通。因此，元代的盐商制度经历了一系列变革和挑战，逐渐失去了稳定性，对盐的生产和销售产生了深远影响。这一时期，盐商们面临着新的政策和制度变化，以及与政府和其他商人之间的竞争。他们需要适应这些变化并找到生存和发展的策略。

明代初期，开中法得以实行，这一法令规定了盐商的运作方式。根据开中法，商人需要向边地输送粮草，政府则发放盐引给盐商。盐商可以凭借盐引前往盐产地购买盐。然而，开中法在实际运行过程中出现了一些问题，因此在部分地区开始实行票法。他们不再依赖盐引，而是凭借购买盐的票证进行运销。随着时间的推移，明代的盐商制度经历了进一步的改革。弘治元年（1488），由于长芦盐商和山东盐市场没有商人报价，政府实行了搭派制度。按照搭派制度的规定，购买淮盐的商人必须同时购进长芦盐和山东盐。然而，这种制度导致商人难以同时前往多个地区采购食盐，因此逐渐产生了将盐引转让给附近淮南地区的富裕家庭代为领取食盐的做法。这种做法在盐商中逐渐盛行。

明中叶后，朝廷为了缓解经济压力，从盐业中获取更多财富，不顾产销平衡，滥发盐引，以便从中获取利益，但是盐商拿到盐引的数目远远大于盐场中的盐的数量，到盐场后没有盐可以领取，引发了盐引大量累积的现象。直至万历四十五年（1617），官府为了缓解当前的局面，减少盐引堆积现象，改行纲运法。该法将各个盐商领到的盐引编成纲册，纲册分为十纲，每年派发一纲积引、九纲新引。纲册成为盐商的经营执照,具有永久性,并且可以世袭。未被纲册收录的人将无法成为盐商。这其实就是明清时推行全国的"官督商销"的纲盐制度。有了纲册,朝廷只需要派出官员负责监管盐商即可,经销权在盐商的掌握之中。

清初时期,沿袭明末的纲运法,由官府统计该地区产盐的数量以及与去年相比是否增减,定为"纲册",然后令盐商购买盐引,直至没有盐为止。盐商向官府申请盐引,按照盐引数目纳税。盐引中标明盐的数量、领盐的场地、卖盐的口岸,盐商必须按照盐引贩卖,不得混乱。没有盐引的商人不得贩卖盐,如若贩卖,则是"私贩""私运",即触犯法律。拥有盐引的盐商垄断了盐的贩运权,享受运盐贩盐的专属权利。这实质就是"民制、商收、商运、商销"的商人专卖法。因此,引商们将盐引视为他们的经营基础,享有独家运输盐和销售盐的专利权。这种制度被称为引盐制度。盐商们在这一制度下形成了垄断地位,他们通过垄断盐业并以高价经营来获取巨额利润。盐商也在这种制度之下迎来发展的鼎盛时期。

(二)盐商兴起与发展的原因

在我国的封建社会中,盐业始终是关乎国计民生的重要行业,对国家经济和人民生活产生着深远的影响。正因为其重要性,盐业的发展不仅推动了经济的繁荣,也催生了盐商这一群

盐　　商

体的兴起与发展。盐商的崛起与发展是多种因素交织作用的结果，在这些因素中，社会情势和官府政策无疑占据了至关重要的地位。

以唐代为例，盐商开始崭露头角，成为一个重要的、专门化的社会群体。这一转变的背后，主要原因是官府盐业政策的重大调整——从原先的官营官销模式逐步转向政商合作的新格局。这种政策变革为盐商提供了更广阔的发展空间，也促使他们逐渐成为社会经济生活中不可或缺的一部分。为了揭示盐商逐步兴起的原因，下文我们以明代山西晋商为例进行具体分析。

首先，晋商的崛起与社会环境、政府政策息息相关。明朝建立之初，统治者为了应对元末战乱给人民带来的灾难，不断调整治国策略。为促进经济繁荣，政府采取了一系列措施。这样的政治环境为商业领域创造了良好的发展机遇。商人在这样的背景下崭露头角。作为经济活动的重要参与者，商人不仅满足了民间需求，也为整个国家和政府提供了重要服务。政府依赖商人运销官方生产的茶叶和盐，商人不仅负责这些官方物资的流通，还成为民间大量物资，包括军事需求物资和地方主要产品的关键运输环节。鉴于商人在物资流通中的重要作用，明朝政府不得不将商人纳入国家政治的考量范畴，并赋予他们一定的社会地位和权益。商人能够借助国家相关政策和制度来扩大自身的经济实力，甚至有机会进入垄断性的商品专营体系，获得巨额垄断利润。晋商正是在这样的时代背景下崛起的。

第一章　盐商兴衰

在中国古代社会，少数民族政权给中原王朝的政治稳定带来巨大挑战，元朝残余势力频繁南下，对明王朝构成了严重的边境威胁。为了保障边境的安全，明王朝积极修复长城，在长城沿线设立了九大边防重镇，并派遣大量军队驻守，因此也造成了庞大的军政消费。这笔军费成为明王朝从始至终的财政负担，有经济学家对此考证：隆庆四年（1570），九镇年例银超过280万两，与之对应的是隆庆元年（1567）国家岁入仅219万余两，尚不足应付九边饷银。此后边饷更是逐年递增，到了万历二十三年（1595），九镇边饷增至357万两。[①]这组数据充分说明边镇军需开销之大，为了最大限度保障边防所需的粮草等军需物资，明政府采取了一系列措施，其中包括"开中制"。

"开中制"就是政府实行的以盐、茶为中介，召募商人输纳军粮、马匹等物资的方法。实质就是利用官盐的特别运销权，政府与商人合作，将其纳入边境地区的军需物资运输体系。其核心在于政府适度收缩经营范围，依旧可以掌握盐的定价与生产，但是基本退出了盐业下游的流通和销售领域。其实质就是政府用"盐的专卖权"来换取商人或民众购买所需的粮草、军饷等物资的运输服务。那时，山西省位于北疆边陲地区，部分城镇紧靠九边，运送军需物资时间更短，地理位置较其他地区更为优越。所以在开中制政策的推行下，山西商人凭借地理优势迅速崛起。山西商

---

① 侯家驹：《中国经济史》（下卷），北京：新星出版社，2008年，第655页。

009

盐　　商

人成为明代边防制度中纳粮和盐商的主体。"开中制"是山西晋商崛起的关键，同时也为晋商的兴起奠定了基础。

其次，明朝社会思想转变促进了晋商的兴起。明代，商品经济空前繁荣，全国商业规模之大、商人活动范围之广、商业资本之雄厚，都远超过以往的朝代。尤其是自明代中叶开始，全民经商成为一股热潮，地域性商人集团大量涌现，商人这一曾被贬低的社会群体的地位得到极大提升。原本在社会地位和价值观念等方面存在明显差异的士人和商人这两大社会阶层开始大量融合，农商互动、农商交流逐渐成为社会的重要潮流。在这一基础上，许多士人和知名学者开始重新评价商业活动的地位，引发了社会思想观念和价值观念的一系列变化。晋商的兴起也紧密关联于当时新兴的社会风尚。明代社会思想的演变为商人们提供了正视商人身份的机遇，并对晋商产生了积极而深远的影响。晋商开始勇敢地正视自己的职业身份，摒弃了从商为耻的观念，更理性地认识到自身的价值。自明代中期起，首批晋商群体中的有识之士已经开始怀揣对经商事业的坚定信念，并表达了自己的志向和抱负，认为商业是实现人生价值的一种方式。这对山西本地普通百姓也产生了巨大影响。民众不再对从商抱有道德负担和压力，相反，本省同乡通过经商致富的成功案例给他们带来了极好的示范效应，越来越多的山西人选择走上致富之路。这一转变对明代社会具有重要意义，展现了商人的积极作用，也促进了晋商群体的崛起。

除了社会环境、国家政策以及社会思想的转变，晋商的兴起还离不开自身的因素。这一群体的出现,也的确离不开盐商的勤勉和努力,但政治权势的重要性也使得以晋商为代表的盐商敏锐地意识到,为了巩固自己的既得利益并源源不断地获取垄断利润,他们必须通过各种方式,进入官僚阶层,或者说将家族势力延伸至朝廷中,构筑起政商联合的权贵商业格局。因此,他们专注于培养族人通过科举考试进入仕途。另外,晋商积极推动政府进行科举制度的改革,旨在为他们的后代开辟一条新的道路,允许他们以"商籍"的身份,在行盐地区参与科举考试。这些努力都极大地提升了他们的商业实力和政治实力,为晋商的兴起、发展提供了坚实的保障。

二、从一般商人到特殊群体

盐商,毫无疑问,属于商人阶层,但又不是一般的商人。所以,人们谈到盐商这一群体时,常常指的是作为特殊群体的盐商。在唐代以前,从事盐业的商人和从事其他品类的商人差距不大,但唐代之后,盐商就逐渐开始从一般的商人向"专商"转变,并开始具备一定的垄断性质。晚唐以后,政府开始设立盐岸,也就是划定盐商的销售区域。宋代,引盐区域确立后,盐商成为具有垄断特权的专商。[1]

---

[1] 邹迎曦:《浅议两淮盐商的发展与嬗变》,《盐文化研究论丛》(第四辑),第243页。

盐　　商

（一）概述

唐代是中国历史上光辉灿烂的时代，但唐代后期的问题也非常明显，尤其是财政危机重重。安史之乱后，为缓解这方面的危机，身为盐铁使的刘晏在两淮推行榷盐法改革，使得盐政方面长期的官营官销模式发生了改变，官营中的"官销"变为"商销"，走向政商合作的官营商销模式。这是一个重要的变革，也是作为特殊群体的盐商开始形成和盐商地位开始提升的标志。

唐中后期，随着榷盐法的推行，政府对食盐的把控越来越严格，政府获得最大的盐利。而在流通过程中，盐商的地位变得越来越重要，他们一方面将盐销往各地，另一方面又可以为官府带来丰厚的盐税。因此，国家对这一阶层的依赖越来越强，也不再向以前一样采取打压政策，而是有意地提高作为专商的盐商的地位，这主要表现在以下两个大的方面[1]。

一是扶持盐商的一系列政策，甚至可以用"组合拳"来形容。首先，唐中后期，不再像唐初那样贬低盐商，所谓"通商惠人，国之令典"。并且在此基础上，对盐商进行倡导性保护。穆宗时期，盐铁使王播上奏："应管煎盐户及盐商，并诸盐院停场官吏所由等，前后制敕，除两税外，不许差役追扰。今请更有违越

---

[1] 杨昭：《魏晋隋唐时期山东盐业研究》，济南：山东师范大学硕士论文，2017年，第70-71页。

第一章　盐商兴衰

者，县令、刺史贬黜罚俸。"①从此可以看出，该时期政策对盐商的保护力度已与官吏升迁、俸禄联系。其次，禁止向盐商征收杂税徭役。唐武宗时期，规定"度支盐铁户部诸色所由茶油盐商人，准敕例条，免户内差役。天下州县豪宿之家，皆名属仓场盐院以避徭役"②。通过这种免杂税徭役的方式鼓励商人行盐。再次，政府给盐商方便的购盐渠道，可以以物抵钱，食盐流通更为方便。

二是盐商有参加科举考试、入仕做官的资格。商人本来是没有铨选授官资格的，但随着时代的发展和国家对盐商等群体的依赖，官府开始重视商人的地位，尤其是盐商。如：商人之子毕诚，"大和中，举进士、书判拔萃，连中"③，并被"召入翰林为学士"，后在穆宗时期，担任户部尚书、兵部尚书之职，可谓盐商入仕做官的典范；山东地区的黄巢，"世鬻盐，富于赀"④，但"屡举进士不第"⑤，由于屡次科举考试失利，最后"为盗"。虽然黄巢走上了武装起义之路，但他"屡举进士不

---

① 〔后晋〕刘昫：《旧唐书》卷四八，志第二八《食货上》，北京：中华书局，1975年，第2108页。
② 〔清〕董诰：《全唐文》卷七八《武宗·加尊号敕文》，北京：中华书局，1983年，第814页。
③ 〔宋〕欧阳修：《新唐书》卷一八三，列传第一〇八《毕诚》，北京：中华书局，1975年，第5379页。
④ 〔宋〕欧阳修：《新唐书》卷二二五下，列传第一百五下《黄巢》，北京：中华书局，1975年，第6451页。
⑤ 〔宋〕范祖禹：《唐鉴》卷二二《僖宗》，上海：上海古籍出版社，1981年影印版，第479页。

盐　　商

第"，已经充分说明唐后期盐商确实可以参加科举入仕。[①]

宋代，随着引盐区域的确立，盐商逐渐获得了垄断盐业的特权，成为真正的"专商"。随着唐宋时期经济文化重心的南移，官府财政越来越依赖盐利，尤其是两淮盐业的税收、报效等。与此同时，盐商的实力和势力迅速膨胀，对社会政策或者其他方面的影响也越来越明显，成为封建王朝极具影响力的一个特殊阶层。如元代杨维桢《盐商行》诗中写道："司纲改法开新河，盐商添力莫谁何。大艘钲鼓顺流下，检制孰敢悬官铊。"简言之，元代的官府要开辟新河道都离不开盐商的助力，盐商的行船大张旗鼓沿河而下，官府都不敢轻易进去核查，可见盐商的实力和影响力。

尤其是在明朝实行开中制后，盐商就依靠盐业的特殊性，与皇权和官府的关系更加紧密。开中制的实施，也为盐商带来了独特的机遇。由于专卖权的授予，盐商在盐的经营过程中拥有独占、垄断的地位，并通过与皇权、官府的密切关系确保自身利益的最大化。

---

① 杨昭：《魏晋隋唐时期山东盐业研究》，济南：山东师范大学硕士论文，2017年，第71页。

（二）盐商群体的基本特征

盐商是一个重要的社会群体，或者说在很多朝代都是一个不可或缺的社会群体，也一定具有该群体的某些特征。最明显的，应该是其财富的积累方式与存量方面，当然它与官府的关系以及对社会地位的追求也是非常明显的。

1. 垄断性高、财富积累快

无论是从生产还是生活的角度看，盐在各种物品和商品中都占有极为特殊的地位。拿食盐来说，它是人们的生活必需品，需求量极大，而且由于它的战略地位和极端重要性，盐是长期受到官府垄断的资源。在唐代，官府对销售量达到指标的盐商户籍划入盐籍，并且明文规定：拥有盐籍的商人可以享有盐的专营权。唐代以后，全面垄断的官营官销走向政商合作的官营商销，作为"专商"的盐商群体出现。通过获得盐的专营权，盐商成为具有垄断地位和特殊身份的群体。尤其是在明清时期，盐商获得了垄断盐业的特权，成为盐唯一的合法经销商。他们掌握了盐的生产、运输和销售的权力，通过垄断供应和控制盐价，获得了丰厚的经济利润。

在大多数时间里，盐商不受地方政府的管辖，而直接归中央政府管理。他们在经济上获利丰厚，政治上享有特权。这些都导致盐商这一新型阶层越来越强的垄断和身份地位的固化。

盐　　商

因而盐商，无论在财富的聚敛上，还是社会地位上，都远超其他行业的商贾。以明代两淮盐商为例，据张翰《松窗梦语》记载，即便那些能力很差的盐商，都能获得百分之十的利润，那些各方面优秀的盐商，在短时间内就能敛聚巨额财富。凭借雄厚财力，许多大盐商的生活可以用"奢靡"来形容。盐商的奢华生活，也是他们成为社会上特殊群体的表现。他们所获利润之巨大，远非普通商人所能及。而传统社会的重农抑商观念，又造就了盐商们不高的社会地位。这样，就形成了其巨大财富、奢侈生活与较低社会地位之间的不相称的现象，这也是盐商这一群体的突出特征。

2. 盐商与官府之间联系密切

这一群体的特殊，还表现在它与官府的关系上。按照传统社会的运作秩序，该群体本来受制于官府的管理，但在实际的政治经济社会中，盐商与官府存在着紧密的关系。

中唐以后，盐商是盐政不可或缺的组成部分，他们可以减少官府在食盐方面的运营成本，并且提供稳定的经济收入，盐商虽名为商人，实则享有一定的特权，盐商专卖制就是其特权的典型表达。因为专卖，盐商与官府的关系就是其他类型的商人无法匹敌的。盐商为了维持自己的专卖权，竭尽所能地向官府献计献策，并且尽力获得政策支持。除了交税，盐商还通过很多途径和官府建立良好的关系，比如捐输、进贡和特殊时期为朝廷解难等。所以，才有了白居易和元稹等写下的生动、形象的诗句："婿作盐商十五年，不属州县属天子""小儿贩盐卤，不入州县征"。可以看出，盐商与政府的互动不仅仅是一种经济关系，更大层面是权力和利益的交织。盐商对官府的影响，不仅仅表现在他们随时可以对官府进行财政支持，也表现在参与盐业政策的制定、修改和调整中。

3. 盐商社会地位不高，不满足于阶层限定

在传统社会中，由于存在较严重的重农抑商思想，商人的地位本来不高，一般被视为社会下层或者底层。作为商人阶层的盐商，即使是唐代以后成为特殊阶层之后，也很难摆脱这样的境遇和地位，因此，盐商并不满足于此，他们通过垄断权获得了财力和某些政治地位后，将相当多的利润用于购置房产和子弟的教育，特别是利用"盐籍"等方式和其他便利通过科举考试进入官场，来改变家族和自己的社会地位。超越一般商人的低贱身份，是他们的深深期待和毕生追求。

综上所述，盐商作为一种特殊群体，凭借盐业的特殊性在封建社会中成为独特的社会阶层，他们与一般商人有着明显的区别，无论是在社会地位、与政府的关系、利益获得与限制，还是在对社会地位的追求上，都展现出独特的特点。

盐　　商

4. 更加渴求社会的承认和尊重

与其他群体，特别是其他行业的商人相比，盐商更加看重社会地位和社会影响力。他们利用行盐获取的巨大利润，无比迫切地希望通过各种可能的方式，获取社会的认可和尊重。例如，盐商利用钱财来资助贫困学子、举办文学活动，还常常与当时十分受尊重的士大夫、文人学者密切交往，提升社会影响力，并努力消除自身浓厚的商贾之气。《歙县志》中就对鲍志道等行盐大家的捐赠进行了详细的说明。盐商投入大量的钱财培养后代，让后代向士大夫方向发展，提高自己家族的地位以实现阶层的跨越，并希望利用后代的官员身份为盐商活动提供庇护。如：乾隆年间，徽州盐商曹景宸认识到官员身份可以为自己家族的经商活动带来非常多的便利之后，决定将大儿子培养成为一名优秀的盐商，同时全力支持小儿子曹文埴参加科举考试。曹文埴成功考中进士后，继承了父亲的想法，并在担任户部尚书期间继续坚持这种理念，将大量资本投入商业活动中。与此同时，他也全力支持年幼的弟弟考取进士，希望通过教育的力量来提升家族的声望和地位。就这样，经过几代人的努力，曹家商业、科举并重，从一个完完全全的商贾家族逐渐变成一个官宦家族，一方面实现了社会阶层的跨越，另一方面曹家的盐业生意也得到了更好的发展。

盐商不仅通过捐输和报效来维持自身地位，他们的巨额财

第一章　盐商兴衰

富也促使他们形成奢侈消费的习惯，他们将相当大部分的财富用于盐商的衣、食、住、行等日常生活中。《太函集》中记载："徽州歙县棠樾鲍氏，为宋处士鲍宗岩之后，世居于歙。志道字诚一，业鹾淮南，遂家扬州。初，扬州盐务竞尚奢丽，一婚嫁丧葬，堂室饮食，衣服舆马，动辄费数十万。有某姓者，每食，厨人备席十数类，临食时，夫妇并坐堂上，侍者抬席呈于前，自茶面荤素等色，凡不食者摇其颐，侍者审色则更易其他类。或好马，蓄马数百，每马日费数十金，朝自内出城，暮自城外入，五花灿著，观者目眩。或好兰，自门以至于内室，五栏殆遍。或以木作裸体妇人，动以机关，置诸斋阁，往往座客为之惊避。其先以安绿村为最盛，其后起之家，更有足异者。有欲以万金一时费去者，门下客以金尽买金箔，载至金山塔上，向风扬之，顷刻而散，沿江草树之间，不可收复。又有三千金尽买苏州不倒翁，流于水中，波为之塞。有喜美者，自司阍以至灶婢，皆选十数龄清秀之辈……一时争奇斗异，不可胜记。"[1]这些描述虽然可能带有夸张成分，但足以见得盐商生活的奢靡。盐商如此奢靡，一方面是享受的需要；另一方面，则是希望自己通过效仿上层社会，缩小与社会上层的距离，拉近与上层官员的关系。此外，他们斥巨资打造精美的私家园林，也有这样的目的。

---

[1] 汪道昆：《太函集》卷四十三，明万历刻本，第85页。

盐　　商

（三）盐商的分类

根据盐业经营的不同方面，盐商又可以分为引商、运商、总商、内商、运商、边商、垣商、水商、皇商等不同的类别。如边商和内商主要是明代的称谓，因为明代政策是纳粮换引，所以边商一般是纳粮到边陲以换取盐引，这部分商人主要业务就是换引，然后把盐引卖到内地盐商，如当时的徽商手中。而总商、场商、运商等，主要是清代或者明代开中法不再实行（用钱换引代替了纳粮换引）之后的称谓。

大致说来，盐商中有了引商、运商、总商、内商、边商、垣商、水商等称谓。"引商"指获得盐引的盐商，"场商"指居于盐场的商人，他们是专以向灶户收盐和与灶户建立包购关系的一部分商人；"运商"指获得盐引的行盐之商；"总商"指总揽盐务的盐商，常常充当政府和普通盐商的中间人。需要注意的是，在不同时期，从事同一盐务的商人的称谓可能有所不同，如明代的"边商"和"内商"与宋代的"引商"都是拥有盐引的盐商。同样，不同时期，同一称谓的内涵也不完全相同。例如，在宋代，政府发给盐商交引作为凭券，盐商持券领盐运销，此时的盐商称为"引商"。这时期的"引商"和明清的"引商"内涵就有较大不同，前者不仅拥有盐引，还从事盐的运输和销售，也就是包含后来的"运商"和"外商"等业务。所以在引商中又有边商和内商之分。

第一章　盐商兴衰

1. 总商

《清史稿》中记载："凡商有二，曰场商，主收盐；曰运商，主行盐。其总揽之者曰总商，主散商纳课。"

总商不仅"资重引多"，也是散商的领袖，他们"居政府与散商之间，上对国家承交赋税，下对众商指派勒索"。[①]从康熙十六年（1677）两淮巡盐御史择取24名"资重引多"之人开始，"总商"就成为盐商的代表，他们不仅资产丰厚，而且办事干练，充当了盐商和官府沟通的媒介。例如，每年征收盐税时，各个散商都分属于总商名下，由总商来督促纳税。官府有时也会与总商共商盐政大计。所以，从一定意义上说，总商的身份是特殊的，或者说不仅仅是商人身份，从表面上，总商就是商人，但实际上他是半官半商的。由于这种特殊的、人人艳羡的身份，充任总商的人，除了自己的资产多，还有各种便利的发财渠道。总商的选拔，一定是从势力强的盐商中选出的；在清代的两淮盐商中，徽州歙县商人势力最大。《歙县志》也明确记载，清代扬州的八大总商中，徽商约占一半。乾隆时，身为徽商的江春、鲍志道、汪应庚等都承担过两淮盐区的总商。其中，江春得到皇帝特别的恩宠，是"以布衣上交天于"的典范。

[①] 邹迎曦：《浅议两淮盐商的发展与嬗变》，《盐文化研究论丛》（第四辑），第246页。

盐　　商

2. 边商、内商、水商、场商（垣商）

边商、内商主要是明代的称谓。明初由于边患较为严重，因此官府规定盐商要筹集粮草到边塞，赴边纳粮后，官府给盐商发放盐引作为酬劳。盐商可以凭盐引支盐，然后进行销售。"纳粮办引"的这些盐商就被称为"边商"。边商的构成中，晋商明显多于徽商，这和后来内商出现后的情形很不一样。因为山西距离边塞更近，所以纳粮办引的盐商更多的是晋商。

明朝中期开中法逐渐废除后，纳粮办引可以由别人代替，于是具有"边商"称谓的盐商就有了新的区别和称呼，即出现了"边商""内商"之分。前者专门负责纳粮办引，而后者则专门买引销盐。后来，出现了盐商守支的现象，即作为内商的盐商不能及时获得盐引，或者拿到盐引支出食盐后又难以售出，导致资金断流等现象发生。如《钦定续文献通考》记载："内商之盐不能速获，边商之引又不贱售，报中寝怠，存积之滞遂与常股等。"[①]随着内商经营成本的不断加大，内商再一次分化。即，从内商中分化出了"水商"这一群体，水商专门购买内商食盐，然后根据官府所划定的食盐运销的水程图，将食盐进行运输和销售。这就是明朝最终形成的"边商、内商和水商三商共同经营食

---

① 清高宗敕撰：《钦定续文献通考》卷20《征榷考》，《文渊阁四库全书》本。

盐之势"。①这三种商人分工合作，如同现代社会的流水线。但到了后来叶淇变法，规定纳银开中可以替代纳粮，纳粮开中的成本远高于纳银，因而大量在西北垦田开荒的边商收益大减，他们也逐渐内迁成为内商。

场商或垣商，则主要是清代的称谓，如邹迎曦所说："明代的内商到清代演变为场商。"②场商基本都是自办盐垣（即盐包仓、盐包场）来收购灶盐，有的还自办亭灶，雇丁煎办。万历年间征收折课银以来，官府不再直接收盐，由盐商下到盐场与盐民进行交易。他们大多数也都来自安徽徽州、歙县和山西、陕西等地。运销淮北盐者，多居于淮安；而营销淮南通、泰盐者，多居于扬州。扬州是两淮盐运司所在地，因此淮南场商多居于此地。他们一般并不亲自下到盐场，而是盼咐代办之人常驻通、泰各场，收买盐货，这就是场商的开始。一般情况下，场商拥有盐垣，能在垣中收买盐民所产之盐，所以又被称为垣商。在扬州，盐商又被称为"盐凯子"。

3. 引商（窝商）、运商

引商指通过各种方式获得盐引（即"引窝""根窝"）的商人，盐引、引窝、根窝指拥有食盐专卖权的盐商拿到的食盐专

---

① 刘阳：《明代两淮盐商之囤户研究》，大连：辽宁师范大学硕士论文，2012年，第19-20页。
② 邹迎曦：《浅议两淮盐商的发展与嬗变》，《盐文化研究论丛》（第四辑），244页。

盐　　商

卖凭证。如，清政府每年根据盐产量和各地销售量，确定盐引数量，招商认引。盐商购得盐引后到指定的地点兑换食盐，再按照规定路线运到相应的地点（即"引岸"）进行销售。运商是主要负责食盐的运销的商人，运商经常活跃于盐运码头。在不同的时代，引商和运商可以是同一人，但更多时候是分开的。

4. 皇商

皇商主要是清代盐商的称谓（图1.1为皇船坞）。正如吉朋辉指出的，清代的内务府盐商，又被冠以"皇商"的称号，即

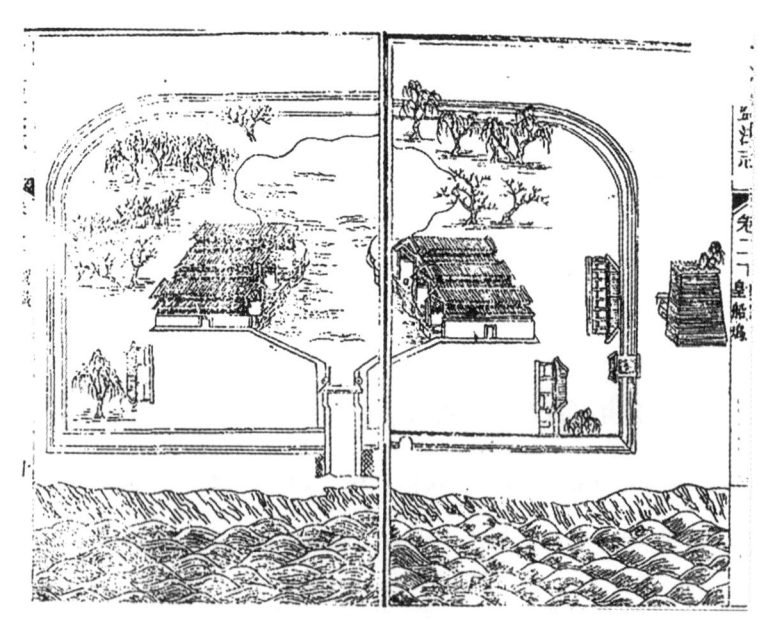

图1.1　皇船坞图

（图片出处：《皇船坞图》，〔清〕黄掌纶：《长芦盐法志》卷二十《图识》）

那些隶籍于内务府的盐商。①皇商主要由两部分人组成。一是起先经商，后来入籍内务府的。典型的代表就是明代就开始经商的山西介休的范氏家族，该家族到了明末清初，已经成为活跃在北方的大富商。由于其贡献等多方面的原因，顺治初年被赐产定居张家口，并获得了内务府籍，在长芦及河东地区经营盐业。二是原属内务府籍，后来经商，成为皇商，长芦王惠民家族就是这一类的代表。这两类盐商，在经营盐业的过程中，具有得天独厚的优势。

除了以上几种主要盐商，还有坐商等称呼。在明代，河东盐商只从事食盐的运销。到了清代，河东盐商则分为坐商、运商两大类。从事食盐生产的称为"坐商"，从事食盐运销的是运商。当然，在河东盐商这一群体中存在不少同时具有坐商、运商两种身份的大盐商。特别是顺治六年（1649）的"畦归商种"以来，盐田就如农田一样，是重要的不动产，这次变革造成"商人之有畦犹农之有田"的局面。所以，拥有盐田的坐商就如拥有土地的地主一样，资财更加稳固，在这样的基础之上，如果他们有人手或精力，则更方便进行食盐的运销，来充当运商。

三、盐商的鼎盛

明清时期，盐商达到其至盛或者说鼎盛阶段。这与该时期盐商特权地位分不开。盐商的特权地位，既是盐商这一群体到达鼎盛

---

① 韦庆远，吴奇衍：《清代著名皇商范氏的兴衰》，《历史研究》，1981年第3期，128页。

盐　　商

阶段的重要原因，也是其重要表现。当然，盐商的鼎盛表现为多个方面，但特权地位的形成与巩固则是其绕不开的要素。当然，并不仅限于此，在政治、经济社会的其他方面也有明显的表现。

（一）盐商特权地位的形成与巩固

盐商的特权地位是多种因素共同作用的结果，既有官府政策方面的原因，也有社会发展的整体因素，还有盐商本身的因素等多个方面。其中，政策当然是非常重要的因素。

1. 明代开中制孕育了盐商特权地位

明代之前，我国盐业的主要形式一般是百姓生产盐后由官方收购，然后由官方或商人搬运、贩卖。到了明代，由于各方面的原因，开始进行盐法变革，实行开中制。

（1）开中制

那么什么是开中制呢？在史书以及后人对史料的整理和研究中对其做出的解释不胜枚举。这里选取几个比较有代表性的。如寺田隆信认为开中制是让商人把米粮输送到指定的地点，然后准许其贩盐以为报偿。[①]张正明为开中制下了一个简单的定义："定期或不定期出榜招商。应招商人则把政府需要的粮食实物

[①] ［日］寺田隆信著，张正明等译：《山西商人研究》，太原：山西人民出版社，1986年，第77页。

第一章 盐商兴衰

代为输送到边防卫所，换取盐引（贩盐专利执照），然后凭引到指定盐场支盐，并在指定行盐地区销售，这套制度就称作'开中'。"[1]对开中制概念描述非常详细的当属刘淼先生，他在《明代盐业经济研究》中写道，在明代引盐制度下，朝廷对于所控制的"官盐"，采取"官运盐"和"召商运盐"两种运输形式。由于官运盐形式均由国家（官）出资本（订造官船车、征发劳役、设站等费用），其营运成本过高，所以明代多采用"召商运盐"的形式，即称为"开中"。而围绕"开中"经济活动而制定的一系列制度和法令，即称为"开中制"或"开中法"。[2]

简单来说，开中制是朝廷为了解决边防问题，并努力恢复遭受战祸之害的地区，召集盐商筹集粮草，并把粮草运送到山西等在当时属于边境的西北地区。开中，就是一种颁发凭证（盐引）的制度，通过给商人发放盐引并指定行盐区域，给商人行盐以利润的刺激。获得盐引的商人可以从官府手中拿到食盐，然后又在指定的售盐市场销售，从而获得收入。同时，朝廷缺粮的问题、边境开发的问题也得到较好解决。例如，在刚开始实行开中法时，精明的商人们发现，为了节省从内地向边境运粮的成本，可以雇佣农民直接在边境地区种植粮食，这一方面减轻了盐商的运粮负担，另一方面也有利于边境的拓荒和开发。

---

[1] 张正明：《晋商兴衰史》，太原：山西古籍出版社，2001年，第9页。
[2] 刘淼：《明代盐业经济研究》，汕头：汕头大学出版社，1996年，222页。

盐　　商

　　具体说来，究竟是哪些因素造成了开中法的实行呢？第一个因素是，明代边防安全压力大，存粮的确不足。明代西北、北部边境压力很大，不仅仅有多个游牧渔猎政权的威胁，而且边防线很长。如此漫长的边防线的防守，粮草是一个很大的问题。那时，这些边镇普遍存在粮食储备不足或者缺口大的问题。这对明代政府是巨大的压力。相关史料中对此进行了详细描述。如《明史·郁新传》载："郁新，字敦本，临淮人……帝称其才，寻进尚书。时亲王岁禄米五万石，新定议减五之四……又以边饷不继，定召商开中法，令商输粟塞下，按引支盐，边储以足。"①又如《明太祖实录》"洪武三年十二月庚申条"载户部言：陕西察罕脑儿之地有大小盐池，请设盐课提举司，捞盐夫百余人蠲免杂役，专事煎办。行盐之地东至庆阳，南至凤翔、汉中，西至平凉，北至灵州。募商人入粟中盐，粟不足则以金、银、布、帛、马驴、牛羊之类验直准之。如此，则军储不乏，民获其利。②由此可知，边防储存粮食不足确实是实行开中制的原因之一。

　　第二个因素是民运不支。前文讲道，边防的军事需求给朝廷的财政带来了一定压力，主要是因为朝廷运输军粮时需要建立周转站，这些都需要财政支出，为了节省开支，政府便采用民运的方式来补充军需。从中央的角度来讲，民运缓解了政府的财

---

① 〔清〕张廷玉等撰：《明史》，卷150，列传38，郁新传，北京：中华书局，1974年，第4157页。
② 明成祖朱棣修纂：《明太祖实录》，卷59，洪武三年十二月庚申条，第1148-1149页。

政压力，但是从农民的角度来讲，路途遥远，天气不定，极其艰难，在《大诰》中曾有关于民运军粮的描述：沿途官员对待运粮百姓百般刁难，运粮路上山高风急，地势险峻，途中车辆损坏严重，牛只倒毙，即便有人幸存，也进退两难。面对如此严峻的形势，明代也确实需要实行开中制。

（2）明代开中制孕育了盐商的特权地位

在明朝以前，盐税以一种名为"课税"的形式由官府直接向灶户收取。然后，政府通过"食盐配销"的方式向民户销售盐。然而，尽管盐商能够从官府购得少量盐，但其价格昂贵，因此商人的利润相对较低。随着明朝开中法的实行，盐商在售盐时必须遵循以下步骤：首先，朝廷根据边地报告的粮食需求量，公布需要供应粮食的仓库以及相应的粮食数量，并通过公告召集盐商；其次，盐商将粮食交付指定的粮仓，仓官发给盐商仓钞，然后由粮食官员填写"纳粮及应支盐数"；再次，盐商携带仓钞到运司办理盐引手续；最后，根据盐引到达指定的盐场领取盐，并随即运销。实际上，当盐商领取盐引并在指定的行销区销售盐时，他们的商人身份就从最初的"输粮于边"转变为以销售盐为主的专业官方盐商。随着开中法涉及范围的扩大，这样的盐商在各地区纷纷涌现，改变了以往盐商稀少且分散的情况。这些盐商逐渐形成了明清两代盐业中的一个群体，纵横交错于盐业的舞台，从而确立了盐商专卖的特权地位。

自洪武二十八年（1395）起，根据国家实际情况变化，中央

盐　　商

不断调整关于盐法的相关政策，从"纳米中盐""纳豆中盐""纳马中盐""纳钞中盐"演化为"纳银中盐"，这一整个过程中，盐法的演变既是对商品经济发展的回应，也是明朝政府治理措施的体现。只有当商品经济蓬勃发展、国家财政收入增加时，政府才能够拨出资金用于边疆地区。同时，盐法对盐商的影响从征收粮食开始，逐渐推动了盐商专营特权的进一步发展。这种做法可以被视为政府对盐商的扶持和保护。然而，明代仍然存在纳粮开中制度，它为边境地区纳银开中制度的出现起到了准备作用。

明代开中制对盐商的地位和角色的转变起到了革命性的作用。在此之前，盐商们多是零散的存在，随着开中制的实施，盐商的身份和社会地位都发生很大的或者说根本性的转变。他们不再只是普通商人，而成为与朝廷密切合作的特殊商人。开中制度赋予了盐商特殊的身份和经营特权。政府与盐商共同参与盐的贩运，形成了合作关系。这使得盐商在商业活动中具备了独特的地位和优势。

2. 明中后期袁世振改革使盐商垄断特权得以进一步巩固

明代中叶以后，政府为了挽救逐渐瓦解的开中制，进行了一系列变革措施。然而，不论是采用折色纳银还是禁止余盐流通，都未能从根本上解决盐政存在的问题和弊端。政府为了从盐业中获取利益，不顾盐引与盐之间的平衡，滥发盐引，导致盐商凭借盐引去兑换盐时，却无盐可换，从而导致盐引大量囤

第一章 盐商兴衰

积。为了整顿这种状况，疏通盐引，袁世振进行了盐业改革，实行纲运法。

纲运法的具体实施过程大约可分为四步：该时期刊定积引名册、刊定边引名册、以速掣为要和公派口岸文册等。第一，纲运法要求刊定积引名册。这意味着制定一个详细的名册，记录每一盐商的引购情况和积欠情况，这样就可以清晰地掌握每个盐商的经营状况和债务情况，便于监督和管理。第二，纲运法还要求刊定边引名册。边引指的是出口或进口的盐货物，这些名册记录了盐商的边引数量和相关信息。这有助于掌握盐的进出口情况，确保盐业的稳定运行。第三个要点是以速掣为要。这意味着在盐货运输和交易过程中，要求迅速行动，不拖延时间。这样可以加快盐的流通速度，促进盐业的发展和市场的活跃。第四，纲运法还规定了公派口岸文册。公派是指由政府指派的盐商，他们有特殊的权限和责任。口岸文册记录了这些公派盐商的身份信息和交易记录，以确保他们履行职责并受到监督。

袁世振制定的"纲运法"对明代以来盐商产生了重要的影响，主要体现在两个方面。首先，纲运法的实施巩固了盐商的垄断地位。万历四十五（1617）年，为了限制盐商间的不必要竞争，淮南盐政纲法规定，根据行盐引数，将持有窝本和窝的散商集中在朝廷编制的纲册中，即"十字纲册"。纲册自此成为盐商垄断权益的基石，确保只有在册的盐商才能合法供应盐，而不在册的盐商将失去供盐的权利。这就是"专卖制度"。其次，纲运

盐　　商

法奠定了清代盐业经济的基础。从盐商与灶户的关系来看，纲法规定在册盐商有权直接向灶户供应盐。这种规定通过法律手段将盐的生产者与购买者紧密联系在一起。纲运法的确立使盐商获得了食盐的专卖权，从而为他们带来了丰厚的商业利润。

3. 清代盐商特权地位的巩固

清代盐法在很大程度上继承了明代盐法，并进行了适度的增减和改革。除在生产技术和产品种类上的变化外，清代盐商地位和身份的变化也在以下两个方面得以体现：盐区划分与引额制度，以及清代食盐的运销方式和商纲。

首先，清代对盐区的划分和引额制度进行了调整。盐区划分旨在控制盐的产销范围，维护市场秩序。在继承明代的基础上，清代重新规划了盐区，并对盐商的引额进行了相应的调整。这些调整有助于确保盐的供应和分配更加有序，同时为盐商提供了相对稳定的经营环境。

其次，清代对食盐的运销方式和商纲进行了改革。这些措施使盐的运销更加规范和集中，盐商必须遵守相关规章制度才能从事盐业经营。清代盐法在继承和改革明代盐法的基础上，根据当时的社会环境和需求做出了适度的调整。这些变化不仅对盐商的地位和身份产生了影响，也对盐业的生产和经营产生了一定的影响。清代盐法的实施进一步巩固了盐商的地位，同时加强了皇权对盐商的控制。

第一章　盐商兴衰

（二）明清时期盐商的鼎盛

盐商的发展在明清时期达到鼎盛。这不仅表现在这一群体经济实力更为雄厚、社会地位提升以及对社会的贡献更多，还表现在与官府紧密而复杂的关系。

一是盐商经济实力的提升。通过垄断，盐商获得了巨额财富，掌握着丰富的商业资本。同时，为了进一步增强自身的经济实力，盐商之间互相合作，以地区或家族为基础形成了盐商团体，比如两淮盐商、长芦盐商、自贡盐商等。

二是盐商社会地位的提升。行盐带来的巨大的财富为他们社会地位的提升打开了大门。通过参与社会活动和慈善捐赠，盐商进一步彰显了他们的社会地位和责任感。拥有丰富财力的盐商还经常投身于社会公益事业，包括教育、医疗和济贫等领域，他们常常兴建教育设施、捐资修建公共建筑、设立奖学金等，为社会发展做出积极贡献。这些慷慨的行为不仅使社会大大受益，也进一步提升了盐商在社会上的声誉。

三是他们对教育、文化艺术繁荣做出的巨大贡献。盐商在教育方面的慷慨赞助，促进了当地教育的发展。凭借雄厚的经济实力和对文学艺术的追求，他们举办各种文化庆典、艺术展览和演出活动，为人们提供了欣赏和参与的机会。这些活动为士人提供了展示才华的机会和平台，激发了他们创作的热情和灵感，促进了文学、音乐、戏剧等艺术形式的繁荣。盐商修建的园林、

盐　　商

宅邸等，注重建筑的美学和文化内涵，不仅展现了盐商的艺术追求，更为后世留下了独特的建筑遗产。

四是盐商与官员之间形成了更加紧密且复杂的关系。他们与权贵建立了紧密的联系和交往（如图1.2），这对盐商具有重要意义。盐商通过与地方政府的合作和关系，获得了政府的支持和特权。在盐业垄断的体制下，政府通过授予盐商特许经营权和税收优惠等手段，为盐商提供了经营盐业的独特机会和优势。同时，政府官员和权贵也借此机会从中获得一定的利益，形成了一种利益共享的关系。此外，政商关系也为盐商提供了一定的保护，使他们在面对竞争时能够得到政府的支持和维护。

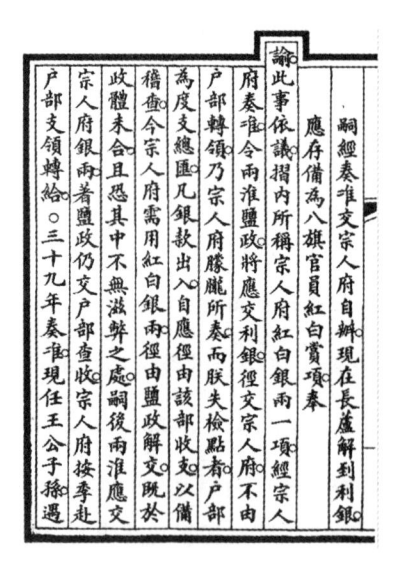

图1.2　长芦解到利银应存备为八旗官员红白赏项

（图片出处：〔清〕昆冈修，刘启瑞纂：《大清会典事例》卷六《宗人府》）

第一章　盐商兴衰

四、盐商的衰败

从清朝后期开始，盐商这一群体便开始走下坡路。如，芮和林认为："乾隆时期，长芦盐商就开始从财势显赫的顶峰，急速地向下滑落。至乾隆后期，原有的盐商纷纷破产而遭参革，没有破产的盐商也大都负债累累。"①这清楚表明，随着时代演进和盐业经营环境的变化，盐商面临前所未有的挑战并走向衰败。下面我们就以长芦盐商为例，具体分析一下盐商由盛转衰的原因。

（一）官府的剥削

盐商通过行盐积累了大量财富，但在基本的课税之外，盐商还有多项支出，尤其是对官府人员的"孝敬"和"捐赠"。面对盐商获得的高额利润，各级官员都想从中获利，从高高在上的皇帝到微不足道的芝麻小官，乃至总商本身，都是如此。初看上去，盐商的此类支出似乎只是九牛一毛，且各级官吏名义上也扮演着保护盐商的角色，但实际上，盐商的此类"进贡"或"奉献"却是他们一项不小的经济负担。在盐业经营环境优越、利润丰厚的时期，盐商或许还能勉强承受这种负担，然而，一旦社会情势恶化，这些负担就会如同压垮骆驼的最后一根稻草，让盐商

---

① 芮和林：《浅析乾隆时期长芦盐商走向衰落的原因》，《盐业史研究》，1994年第4期，第22页。

盐　　商

们感到难以承受。

在古代中国，皇帝是盐务政策的最高决策者，他的喜好直接影响着盐商的财富和命运。尽管盐商身家丰厚，但仍然害怕皇帝决策的不可预料性。为了赢得皇帝的喜爱和庇护，盐商们采取各种手段来向皇帝表示效忠，这成为他们争取宠幸的重要途径。

在维持与皇帝和官府的关系中，"报效"是其中非常重要的举措。一般来说，"报效"是维持盐商经营稳固性的一项重要举措，通过"报效"，盐商能够获得政府的支持和认可，从而获得更多的商业机会和资源，也可以巩固其在盐业领域的地位，使其经营更加成功和有竞争力。但在乾隆后期，长芦晋商等盐商在经营状况逐渐恶化的情况下，依然持续"报效"就使得他们陷入困境。即使请求分期"报效"，对他们也是很大的压力。在这种制度中，"报效"其实是一种变相剥削，尤其是在行盐形势恶化的情况下，更是如此。

除此之外，清政府还通过向盐商发放帑银的方式进行剥削。清政府对盐商发放帑银，名义上是对盐商的支持，但在很大程度上也是对他们的剥削。帑银，就是国库中的银子。当盐商储备资金不足，周转不开时，内务府就会以低于民间高利贷的形式向盐商发放帑银。起初，内务府向资金不足的盐商提供贷款，以较低的利率收取利息，目的是支持和扶持盐商的经营。然而，随着时间推移，政府的利率不断提高，盐商还款压力不断加大，到后来经济形势恶化时，盐商不仅面临利润减少的问题，还得面对帑银利息不断增加的问题。这也成为盐商衰败的推手。

除了上面所谈的，还有官府的各种浮费，这些费用是指盐务官员向盐商征收的正税之外的额外部分，并且一般都是强制性征收。这些成了盐商不小的负担，这些负担使他们用于经营的资金减少，对经营状况和利润产生了直接负面影响。长芦盐商也好，两淮盐商也罢，都不得不面临名目繁多的浮费杂税。并且，随着专制主义皇权的加强，这些费用还在不断增多，以至于成了盐商十分沉重的负担。

除了官家或明或暗的剥削，还有来自盐商群体内的盘剥，例如，"纲首"或者"纲总"的压榨。在清朝的纲盐制度之下，为了方便管理盐商，清政府以纲为单位，在每一个纲中设置纲总，总管纲中的盐商事务。随之而来的，就是纲总可以利用自身的权力对普通盐商进行或明或暗的剥削。

（二）银贵钱贱、物价腾贵

清朝货币体制是银钱并用。国家开支、大宗贸易都是以银两为主，但日常百姓交易中，钱币更加方便，所以零星的日常买卖中以钱币为主。但是两者同时在市场之中流通，就会产生两者之间的汇率问题。在清朝顺治四年（1647），官方规定每一分银相当于十文钱，即一两银相当于一千文钱。这一比价规定在接下来的一段时间内仍然有效，并保持相对稳定。尽管在经济

盐　　商

领域内，银和钱的实际比价可能会有所波动，但总体上保持相对稳定。然而，到了清朝乾隆中期，经济领域逐渐出现了"银贵钱贱"的趋势，即银价上涨而钱价相对官价下跌。这一趋势使得银钱比价不再保持稳定，而是逐渐上升。

当"银贵钱贱"这个现象出现之后，盐商的利益就会受到损失。由于盐商是用银两纳税，但是将盐卖于百姓，这便成为零星销售，便要用钱币作为交易。所以"银贵钱贱"就使得盐商的利益大为缩水。当时的长芦盐政董椿就上奏折专门说明这一现象。并且"银贵钱贱"带来的物价上涨，使盐商的行盐成本增加，这就意味着盐商的经营成本不断提高，而利润空间则不断缩小。这也加速了他们的衰败。

（三）私盐充斥市场

自汉武帝时期开始，盐的经营权就被收归中央所有，私盐被严格控制。然而，在乾隆后期，由于各种盐课、杂课的增加以及多方面的勒索，再加上盐商们追求利润的动机，导致盐价屡屡攀升。相对于官盐而言，私盐没有固定的价格和附加负担，也没有地域限制，因此更为便宜。随着官盐价格不断上涨，民众更倾向于购买私盐。

私盐市场的兴盛，对盐商经营的官盐带来相当大的冲击。私盐挤占了官盐市场，使得官方难以完全控制市场流通，进而导致盐商面临一系列困境。一方面，私盐的竞争使得他们的销售受到冲击，市场份额逐渐萎缩。另一方面，因为盐价攀升和税收负担增加，盐商无法获得足够的利润来维持经营，甚至面临欠税和欠债的困境。这使得盐商在经济上陷入困境，无法有效应对竞争和市场变化，进一步削弱了他们的实力。因此，明清时期私盐的涌现给以长芦盐商为代表的盐商群体带来了巨大的经营压力。私盐市场的繁荣不仅挤占了官盐市场份额，减少了政府的财政税收，也加剧了盐商的经济困境，成为盐商衰败的一个重要因素。

（四）自然灾害

自然灾害对盐商的影响是多方面的，涉及盐产量、经营成本、运销费用以及资金周转等方面。这些因素加剧了盐商们的经营困境，并可能导致盐商的衰败。

自然灾害种类很多，例如水灾，对盐商的影响就很大。首先，水灾会直接影响盐的收成，导致盐产量减少。当盐的收成减少时，盐价就会提升，这就会增加盐商的经营成本，导致盐商利润的减少。其次，自然灾害还会导致盐商的运销成本增加。水灾可能导致交通受阻，使得盐商在运输时面临更高成本和困难。道路的破坏、河流的淤塞以及桥梁的倒塌等灾害后果都会给盐商带来运输上的困难，进一步增加盐商的负担。并且，当水灾发生得极其凶猛时，盐商甚至可能血本无归。足以可见，自然灾害对于

盐　　商

盐商来说不仅意味着财产的损失，还可能带来严重的资金短缺和经营困境。尤其是在整个社会形势较为严峻的情况下，面对此类自然灾害，政府可能无力对盐商进行支持，盐商就会陷入灭顶之灾的境地。

当然，需要指出的是，自然灾害并非主要因素，也不会将盐商直接推向灭亡的边缘。然而，当多种不利因素集中叠加（如前文提及的几种状况同时出现）时，盐商就很难承受这种雪上加霜的打击。

（五）盐商的奢靡生活

相对于其他行当，盐商赚取利润相对较易。面对相对容易获取的、突如其来的财富，盐商很容易就养成奢侈无度的生活习惯。有些盐商终日穷奢极欲、挥霍无度，其奢侈程度甚至远超皇室。

不少盐商以追求豪华和享乐为荣，纵情购买昂贵的稀奇珍品、举办盛大的宴会、建造壮丽的豪宅等，这些奢侈性消费都需要巨额的资金投入，使得他们难以将大量资金投入盐业经营中。除了对盐业本身的影响，盐商的奢侈消费也引发了社会的不满情绪。普通百姓看到盐商们过着奢华的生活，而自己却承受着昂贵的盐价，不免对社会不满并质疑盐商的特权。这种不满情绪的累积，在危害社会稳定局面的同时，也削弱了盐商的社会声望，给盐商们的经商活动带来了更多的不确定性和挑战。因此，盐商们的奢侈生活不仅导致了个人财富的外流，更重要的是对盐业的发展和竞争力产生了负面影响，同时引发了社会对他们的不满情绪。这些因素的共同作用，使得盐商收益下降、社会地位衰退，从而成为盐商衰败的不可忽视的因素之一。

第二章 不同盐区的盐商

盐　　商

在中国，盐商不仅从一个一般群体发展为特殊群体，更发展成为一个传奇的群体。自从隋唐时期开始放开盐禁、引入商人参与，盐商逐渐成长为此后各朝代都极受关注的群体。

在传统社会，中国划分为多个盐区。本章即以传统主要盐区为划分依据，阐释不同盐区，特别是两淮盐商（扬州盐商是其代表）、河东盐商、长芦盐商、自贡盐商、两广盐商、两浙盐商的概况、特点（如组织特点、经营特点等）及其中代表。如，两淮盐区是官府的税赋重地，这里的盐商以徽商为主，相较其他地区的盐商，"豪富"可以说是两淮盐商的明显特征。在两淮盐商中，知名者比比皆是，如江春、鲍志道等。河东盐商属于池盐盐商，其影响力也很大，来自池盐的河东盐商和两淮盐商在财富方面甚至可以一决高下。长芦盐商中晋商的比例很高，他们与宫廷关系更近。自贡盐商在社会发展中形成了四大家族，他们和官府的关系，总体来说若即若离，或者说有意无意地避开官府，其中王三畏堂和官府的关系还算是较近的。两广盐商在财力或政治势力方面则逊色得多。

第二章 不同盐区的盐商

一、两淮盐商

顾名思义,两淮盐商就是在两淮地区经营盐业的商人。所谓"两淮",是以淮河入海口为界,淮河以南的区域谓之淮南,淮河以北的区域谓之淮北。"淮南盐业的集散地在扬州,销盐的盐岸是长江中下游和湖南、湖北、江西等地;淮北盐业的集散地在淮安,盐岸是皖、苏、豫三省淮河两岸共计四十二州县。相对淮南而言,淮北的盐业无论是规模与引岸都要逊色得多。"[1]需要指出的是,提到两淮盐商,很多人首先想到的是"扬州盐商"。作为两淮盐业的管理中心,扬州自然成为两淮盐商的聚集之所。所以,人们常常提到的"扬州盐商",实质上就是那些坐镇扬州且经营两淮盐业的商人。扬州盐商是两淮盐商的重要组成部分。

(一)概况与构成

作为全国最大的封建垄断资本集团,两淮盐商在当时全国商界可谓执牛耳者。尤其到了清代乾嘉之世,两淮盐商权势更是达到顶峰,这也成为两淮盐商的黄金时代。[2]从构成上看,两淮

---

[1] 江巧珍:《徽州古村落文化丛书:盐商文化象征——棠樾》,合肥工业大学出版社,2011年,第8页。

[2] 邹迎曦:《浅议两淮盐商的发展与嬗变》,《盐文化研究论丛》(第四辑),第246页。

盐　　商

盐商中，有总商也有散商；有大富商也有一般盐商。但和其他地区的盐商相比，两淮盐商不仅队伍庞大，而且更加富有。

在明清两代，两淮盐区是全国最大的盐产区，其盐课也是国家重要的财政来源之一，且与苏、皖、鄂、湘、赣等数省上百个府州县老百姓的日常生活密切相关。正因为如此，官府对两淮的盐政和盐商，一直给予特别的重视。而两淮盐商，一方面借助政府的政策空间牟取高额利润，另一方面也不得不承受皇朝和官府的盘剥和榨取，如两淮盐商每年的报捐数额也是最大的，军需、赈灾、河工等项目一直在报捐之列，向皇帝或者官员主动捐输的数额也不少。

从人员构成上来说，两淮盐商来自全国各地，尤其是安徽、山西、陕西、四川等地。明代，两淮盐商主要由原籍为陕西、山西和徽州的三大商人主体（也就是山、陕商和徽商）构成，这几大主体中，主要还是来自徽州的客商。徽商不光在盐业领域，在多个领域都有发展。在盐业领域，尤其是明代开中法和运司纳银制实行以来，盐商们向盐运司所在的行政中心地不断汇集，明清时期，两淮盐场的扬州和两浙的杭州都是盐运司的所在地。这两座城市位于大运河沿线的交易中心地，都是经济发展的江南都市，不管是自然环境、社会环境还是人文环境，这里都具备接收外地商人的优越条件。直到今天，都是如此。徽商来此，可以说天时地利。从自然因素来说，徽州多山且"人多地狭"，为了生存，徽人早期经商的人就较多。加上政策因素，

第二章 不同盐区的盐商

徽商作为直接运送、贩卖盐的"水商",进入盐界,在扬州、杭州等地定居。

当然,除了运盐,徽商还运粮食、棉布、陶瓷等各种商品。如,他们积极参与江浙地区的运粮业,并主导了长江流域的粮食流通业。不少徽商在进行盐运的同时兼营典当业。因为盐运司主要甚至只收银子,人们必须把卖盐的铜钱换成银子,所以盐运业的这一特殊性为典当业的产生和发展提供了条件。另外,需要看到的是,徽商的出名和发展离不开其宗族的高度凝聚力。行盐过程高度复杂,需要集团经营,徽商的宗族组织正好适应这种需要,并极为有效地满足了上述要求。尤其是徽州的歙县、休宁等地商人特别注重亲族集体行商。他们少则数家,多则百家、千家一起从事商业。[1]在近代人陈去病的《五石斋》中有这么一句话:"扬州之盛,实徽商开之,扬盖徽商殖民地也。"的确如此,明末以来徽州盐商已控制了淮盐产、供、销,积累了极其雄厚的资本。从数量上来说,两淮盐商中徽州盐商确实占据优势,素有"徽商遍天下""无徽不成镇"之说。据光绪《两淮盐法志》记载:自明嘉靖至清乾隆期间,扬州的著名客籍商人共80名,徽商独占60名,山、陕各占10名。徽州盐商更是凭借其资本之雄厚"称雄"两淮盐业市场。

---

[1] 金声:《金正希先生文集》(《金太史集》)卷4,《与歙令君书》。转引自:曹永宪:《明代徽州盐商的移居与商籍》,《中国社会经济史研究》,2002年第1期,第34页。

盐　　商

与当时在两淮也有很大影响力的西商相比，徽州盐商在人力、物力、财力等都超过西商，《扬州府志》记载，徽州盐商在康乾年间达到了鼎盛，以至于出现"两淮八总商，邑人恒占其四"[1]的说法。

前文已经提及，徽商经营范围很广，而其中徽商最看重的就是获利极厚的盐业，盐商也成为徽商当中最富有的群体。明清徽州盐商主要构成：一是大姓望族。如黄氏，该家族在明中叶来到两淮并成为盐业大贾，其间颇有影响力的有黄万安、黄用韬、黄用礼、黄节斋、黄崇敬等；再如吴姓，如吴光、吴黄谷、吴一敬、吴彦先等。二是小本经营的商人。这部分盐商一般家境贫寒，开始从事其他行业，后来资本积累到一定程度后，转而业盐，并逐渐发展为大盐商的，例如婺源人李大鸿，黄豹以及下文的鲍志道都是如此。[2]

他们之所以选择扬州作为致富之地，除了这里具有河道纵横、水陆便捷的优越位置，再就是这里有丰富的海盐。这里有淮河以南和淮河以北两大片产盐区，两淮盐区的地位在全国是最高的，当时流传着"两淮盐，天下咸"的说法。此外，淮扬自古就是税赋重地，凭借政府给予的特权，他们获得了人口最稠密、经

---

[1] 石国柱，楼文钊修：《民国歙县志》卷一《舆地志》之《风土》，《中国地方志集成·安徽府县志辑》51，江苏古籍出版社，1998年版，第41页。

[2] 王云：《明清盐商行为管理研究》，江西财经大学博士论文，2015年，第38-40页。

济也最发达6个省份（江苏、安徽、河南、江西、湖南、湖北）的庞大市场。扬州盐商在康熙、雍正、乾隆时期达到鼎盛。如清乾隆三十七年（1772），扬州盐商赚得银子1500万两以上，上交盐税600万两以上，占全国盐课的60%左右。

（二）两淮盐商代表

明清时期，大批盐商涌入两淮地区，这些盐商来自四面八方，但主要来自安徽、山西、河南以及西南地区等。其中，最多的还是徽商。无论是两淮地区还是两浙地区的盐商，徽商都占有很高比例。下文所列举的盐商代表也主要是徽商。

1. 鲍志道

鲍志道，来自徽州歙县棠樾的鲍姓大族，是明代尚书鲍象贤第八代孙，生于清乾隆八年（1743），天资聪慧，时有"少年奇才"称谓，卒于1801年。他自幼读书，父亲鲍宜瑗本打算让他走科举之路，但鲍宜瑗不善积财，于是十一岁的鲍志道只能中断学业，到江西鄱阳做学徒。据说出门时，鲍志道仅仅带了一文钱，这还是母亲从其婴儿襁褓的虎头帽上取下的。那时，家境好的孩子的虎头帽上都配镶饰物，鲍志道的帽子上配镶了一枚"康熙通宝"罗汉钱。鲍志道郑重地将这一文钱收在口袋里并发誓，要把这一文钱变成一座城。离开母亲远赴江西做学徒的鲍志道，

盐　　商

半年时间,从打杂伙计做到了柜台伙计,一般人的这一过程至少需要两年时间。鲍志道会计学成后,攒下了一些钱。他深知,要想积累财富必须经营盐业。于是几经周转在20岁时来到了扬州。扬州自古繁华,明清时期更是聚集了一大批富商巨贾,且徽州人占一大半。非常幸运的是,这时一位歙县老乡大盐商吴尊德急需一名吃苦耐劳、精于核算的经理。精明细心的鲍志道自然得到聘用。

几年的积累之后,商业直觉告诉他,盐业经营大有可为。鲍志道于是决定辞去经理职务,独自到淮南经营盐业,经年的积累也让他摸熟了市场、结交了诸多朋友,家资迅速累至巨万,一跃成为扬州的大盐商。他创立了"津贴法"保险制度,以众帮一,在盐商们经常遭遇到的沉船或是被抢之类的风险面前,鲍志道倡议"一舟溺,众舟助",立即得到众盐商的响应,并得到施行。两淮盐商称此为"津贴",这也开创了现代商业保险制度的先河。这一制度在维护广大盐商利益的同时,也使得鲍志道深受盐商们的拥护。

当时,清政府为了便于征收课税,在盐商比较集中的地方选择干练精明的盐商充当盐务总商(如图2.1)。鲍志道众望所归地被推举为两淮盐务总商。总商一方面要代表众盐商与政府交涉、周旋,向政府反映众商人的愿望和要求;另一方面还要负责解决各盐商、盐帮之间内部的矛盾。所以,处在政府和盐商之间的总商,需要极高的智商、情商和胆识。

第二章 不同盐区的盐商

图2.1 盐务总商合照（中间为鲍志道）

在国家危难之时，鲍志道联合其他盐商积极报捐，获得了朝廷的官衔和奖赏，被称为"江南首富"。虽然名利双收，但鲍志道仍然崇尚节俭，真是"富比王侯行朴素"，他主张并力行"门前不容车马，家中不演戏剧"；不仅自己保持节俭本色，而且教育妻子儿女也如此，每天亲自打扫庭院，做到"贫而无谄，富而无骄"。鲍志道发扬和继承了儒学和徽商家教，把"轻财好义"作为经商法宝，不仅为家乡做了不少贡献，如建义学、建书院、修祠堂、修桥、立牌坊、铺路（如扬州铺设康山以西至抄关抵小东门砖石路面）等，还得到嘉庆皇帝的嘉奖，获赐"乐善好施"匾额。

051

盐　　商

2. 江春

徽州盐商是两淮盐商的中坚力量,他们"贾而好儒",在当时交游之风兴盛的情形下,广结宾客,高官权贵自然也在他们的交际网络中。而两淮总商江春(即江广达,"广达"是江春行盐的旗号,名以旗称)更是徽州盐商的杰出代表,他构建起了包括各个阶层在内的广泛的社会网络。①

江春(1721—1789),安徽省歙县江村人,字颖长,号鹤亭,又号广达,出生在一个士商结合的家庭(图2.2为江春画像)。其曾祖父江国茂很早就来到扬州经营盐业,祖父江演于顺治初年来到了扬州,江演后来发展为江氏家族第一位总商,任职长达34年。

图2.2　江春画像

江春的父亲江承瑜也从事盐业经营,担任过两淮总商。江承瑜去世后,不久江春就接替为总商。江春本人颇有才干,精通商务运筹,又广交王侯,"三朝阁老,九省疆臣"的阮元就是江春的从甥孙。在担任"两淮盐业总商"的40年中,江春蒙当朝皇帝乾隆

---

① 陈凤秀:《清代寓扬徽州盐商社会网络研究——以江春为中心》,安徽师范大学硕士论文,2013年,摘要第1页。

第二章　不同盐区的盐商

赏赐"内务府奉宸苑卿""布政使"等头衔，荐至"一品"，并赏赐顶戴花翎，这在当时盐商中绝无仅有。他是清乾隆时期"两淮八大总商"之首。乾隆非常欣赏江春的办事能力，每逢两淮巡盐御史上任前，乾隆总要这样叮嘱巡盐御史："江广达人老成，可与咨商。"

江春也极力报答皇恩，例如乾隆南巡、边疆用兵、皇太后万寿节庆祝，以及赈济，江春都"急公报效""输将巨款"。据嘉庆《两淮盐法志》所载，他先后与人多次合捐。"乾隆三十八年，捐平金川军需银400万两，五十三年，捐镇压台湾林爽文起义军费银200万两"，"（乾隆）五十三年，捐济水灾银100万两，三十六年，捐皇太后八旬寿诞银20万两，四十五年，捐备赏赉之用银100万两，四十九年，捐南巡赏赉之用银100万两……"①

江春在扬州构筑了多处园林，乾隆曾两次"临幸"他的康山草堂，赐金玉古玩，并赐予"怡性堂"匾额，其时江春"抱七岁儿迎驾。上抱至膝上，摩其顶。亲解紫荷囊赐之"②。江春所获得的恩宠，是一般盐商难以企及的。其间，登峰造极的恩宠是参加"千叟宴"。"千叟会"半个世纪才举办一次，是历史上规模最大、与宴者最多的宫廷盛宴。乾隆五十年（1785），为了

---

① 朱宗宙：《略论清代两淮盐商》，《盐业史研究》，1991年第3期，第32页。
② 袁枚：《诰封光禄大夫奉宸苑卿布政使江公墓志铭》，王英志主编：《袁枚全集》第2集，南京：江苏人民出版社，1993年，第576-577页。

盐　　商

祝贺乾隆登基五十年，江春等盐商献银100万两，得以参加"千叟宴"。

由于大笔巨款的报效、多次"迎驾"以及家庭的奢靡消费，江春的家产逐渐消乏，而清乾隆三十三年（1768）震惊朝野的两淮盐引案，对江春更是一次极为沉重的打击。此事之后，江家元气大伤，但乾隆皇帝对其仍然厚爱有加。乾隆五十五年（1790），为祝贺乾隆八十大寿，江春家的"春台班"与"三庆班""四喜班""和春班"一道，奉旨入京参加演出，演绎出著名的"四大徽班进京"事件。从这方面来说，江春在我国戏曲发展方面的确是有功之臣。

二、河东盐商

河东，即黄河以东。早在尧舜禹时代，河东盐的开采就开始了，位于黄河以东的晋商则可能是中国最早的商人。舜帝面对盐池高歌："南风之薰兮，可解吾民之愠兮；南风之时兮，可阜吾民之财兮。""薰风阜财"的成语即由此而来。为了纪念舜帝对河东盐池的开发利用，运城至今还保留着薰风楼遗迹。[①]河东盐业在多个朝代都居于举足轻重的地位，到明清时期更是达到顶峰。这样看来，河东盐商的巨大影响也在情理之中。

[①] 王云：《明清盐商行为管理研究》，南昌：江西财经大学博士论文，2018年，第55页。

河东盐区的盐商由组织生产的坐商和远途销售的运商组成。他们互相配合，共同进行河东盐区的经济建设。

（一）明清河东盐商的概况

谈到河东盐商，免不了提及池盐和盐池。古老的河东盐池，从某种意义上说，在黄河金三角孕育了中原文明和华夏文化。数千年来，河东盐池以其特有的"天然成盐"，为人民提供食盐的同时，也成为许多朝代的财赋重地。这些，都离不开河东盐商的贡献，这里的盐商与盐业生产几乎同步出现。北魏时靠近盐池的蒲州各县，出现不少行盐的商贾。到了北宋时期，范祥在河东进行盐政改革，实行"钞引法"，商人交钱就可以买到钞券，凭券到盐池领盐并自行销售。"钞引法"在解决国家财政收入的同时，也催生了依靠盐池起家的晋商。

明王朝为了保证北方边镇军需供应，推行"开中制"，商人通过向边镇军队运送粮、布等军需品，来换取食盐贩卖的盐引，这为河东的山西商人（晋商）经营盐业提供了绝佳机遇。因为山西邻近蒙古草原等边陲地区，具有明显的地理优势，所以盐池附近产生了大量的盐商。明代万历年间，河东盐池的年产量曾高达2.8亿斤。可以说正是丰富的河东盐池催生了"池盐"一词，也催生了纵横华夏的晋商。第一代晋商基本都是大盐商。明代河东地区的豪族和望族，如张四维、刘敏、王崇古等家族，都是从盐

盐　　商

商起步的。类似的，明代的长芦（位于渤海之滨）也是重要的盐区。

清朝实行"畦归商种"，池盐生产由官办改为商办。这样的政策引领使得河东盐池实现了完全意义上的商办。运城、安邑（今夏县）等地人们纷纷投资池盐生产（多时达到四五百户）。随着盐业的发展，康熙二十七年（1688），山西、陕西、河南等这些河东盐的运销地为了按期销售盐引，陆续招商包运。由此这里的盐商分化为坐商（从事生产业务）和运商（从事销盐业务）两大类。到康熙、雍正时期，运城盐池的坐商就多达420人，其中绛县槐泉王氏、运城姚氏和杜氏、汾城南高刘氏被时人冠为"四大坐商"。尤其是槐泉王氏更是有着百余年的盐业经营历史，鼎盛时期坐拥五大盐场、二十余家店铺，纯收入每年达到十万两白银。[①]临汾人王协也不惜巨资购买运城盐池的私卖股权，使王家盐号遍布淮扬和苏杭等地，乾嘉时期跻身全国巨富行列。

（二）河东盐商的构成

明清河东盐商构成主要有三类。其一，豪门望族。这是山西盐商中势大财雄者。如具有"太原望族，贾淮上盐荚"之称谓的明朝议大夫阎蹯楚祖父和父亲；官商联姻的张四维和王崇古家

---

① 王云：《明清盐商行为管理研究》，南昌：江西财经大学博士论文，2018年，第56页。

族。其二，皇商。皇商即官商。皇商资本雄厚，且与政府关系极为密切，其中介休范氏就是最著名的皇商。明初范氏就在边塞地区从事贸易活动。传至第七代范永斗时，范家已是满蒙一带的大商人。清军入关前，范家就与满族贵族交往密切，顺治初年范家被正式编入内务府籍。随着清入主中原及全国性统治的展开，范家势力越来越大，获利也越来越多。清政府先后授范氏兄弟太仆寺卿、布政司参政、正定总兵官等职。范氏长期经营长芦和河东盐，在天津、沧州等地设有囤积盐斤的仓库，在山西、河南、陕西、直隶等地都开有盐店。其三，一般商民。其中既有富商兼地主者，如王履太、尉济美等，也有家境较为贫寒而从事盐业的，例如王现，他的父亲虽做过小官吏但并不富裕，王现一生在长芦经营盐业。也有务农而兼营商业的，如大同府天城卫的薛论，世代耕种而致富，后来兄长务农，弟弟从商，在江淮一带从事盐业贩卖。还有弃儒而贾者，典型的例子就是山西襄陵人乔承统，系明季贡生，他的父亲乔养冲曾经在扬州经营盐业，谢世后，儿子乔承统放弃官位而继续父亲的盐业。

（三）河东盐商的用人之道

明清时期，河东盐商凭借居于全国前列的驿站交通、"开中制"所带来的历史机遇以及严苛的用人之道发展盐业。最为人称道和独特的，是河东盐商在选人、用人方面的技巧和策略。

盐　商

王云曾在其博士论文《明清盐商行为管理研究》中对此进行精到论述，主要有以下几个方面。[①]

一是，避亲用乡原则。避亲，就是回避亲族。财东一般不荐用自己的亲戚，东家也常常聘用不具有亲属关系的人行掌柜之职；但同时，晋商又坚持用乡，即只雇佣山西人，虽雇佣山西同乡，但也得需要有头有脸的人物保荐才能被聘用。这样，被推荐人日后倘有不轨行为，保荐人负有连带责任。

二是，河东盐商重视契约规范。与其他商帮一般借助乡情和亲情等关系来约束、激励员工不同的是，晋商更多使用正式契约、正式制度来激励员工。顶身股制度就是晋商的一项有效激励的制度发明，这一制度的股份有"银股"和"身股"之别，拥有资本的东家出"银股"，掌柜、伙计等出人力，即"身股"，两者共享经营收益，但身股不用承担亏赔责任。

三是，河东盐商重视人才培养，这点也是极具借鉴意义的。山西盐商为了网罗学而优的人才，不惜重金，雷履泰、阎维藩、李宏龄等都是其中的代表。这样的传统使得江山代有人才出，造就了山西商业几百年的长盛不衰。

四是，河东盐商识量宏远。山西盐商有着不一般的经营谋略。这在明人张四维为蒲州商人撰写的墓志铭中多有记述。张四维祖籍是山西解梁盐池南坡，元代迁至蒲州，明初，张家曾三代

[①] 王云：《明清盐商行为管理研究》，南昌：江西财经大学博士论文，2018年，第67-72页。

第二章 不同盐区的盐商

官居知府。至张允龄时，因父早逝，只得掌理家政并步入商界。虽然历经坎坷，但他在经商中"识量宏远"、笃信至义，为子孙立业打下了基础。张允龄有子九人。长子张四维登进士，成为当朝首辅张居正内阁的要员。这样，家族亦官亦商，不论是对行盐，还是对仕途，都是很有好处的。最后，河东盐商精明、精细。其精明不仅发明了顶身股、异地汇兑等制度，还体现在经营的各环节。如，在汇兑业务中连现代防伪专家也为之感叹的防伪技术，边做生意边行医（如，鉴于蒙古地区缺医少药的状况，在蒙古地区做生意时，利用针灸技术和常用医药，边做生意边给当地人免费治病）等。

我们把眼光放远，则会发现河东盐商和以徽商为主体的两淮盐商在生活情趣上的较大差异。当然，这一差异也是徽商和晋商的整体差异。如果谈及最大的不同，那就是徽商在生活情趣上，更加崇文、重教、孝亲，或者说，"贾而好儒"是徽商的标志性特征。这可能与各自崇拜的精神领袖密切关联，众所周知，晋商崇拜关公而徽商崇拜来自徽州婺源的大儒朱熹。朱熹站在孔孟儒学发展的立场上，吸收佛道精华而构建理学体系。朱熹之所以成为徽商的精神领袖，还与其家族密不可分，朱熹的外祖父祝确，时称"祝半州"，即是徽州城内的大商人，据说其财产几乎达到徽州城的一半。家底丰厚了，自然就想学文、做官，这是封建社会所有人的追求，后来的红顶商人胡雪岩就是典型代表。

盐　　商

（四）河东盐商巨擘——仝少宣[①]

仝少宣（1866—1957），字鸿思，山西运城盐湖区安邑镇三家庄村人，鲜卑族后裔，魏孝文帝改革时，改夹谷氏为仝，很明显，该姓氏意为同心协力、共创家业。1163年仝氏随金由平城（今山西大同）南下，定居在河东盐池附近的三家庄。仝少宣经本村儒生仝武才推荐，到当时著名的安邑洞儿巷"天吉店"盐号当店员，很快获得了东家刘鸿儒的赏识，此后很快发展起来。他的经营业绩和经营理念，深深影响了一代盐商。他也成为清末至民国前期的执河东盐商之牛耳的驭手。

作为河东盐商典型代表的仝少宣，他在管理方面具有杰出才能。如，他提出如下管理措施：

第一，对那些涉世不深又刚从大饥荒中走出来的年轻人，采用管吃不给工钱的办法，大量吸收本村和外村男丁去盐池做工。

第二，根据对盐池东湾"范林""范锡奎"等盐号的实地考察，与这些盐号达成君子协议：若亏损，由仝少宣用自己的"垣曲号"赔偿；若盈利，三年后五五分成。通过这一方法，范林、范锡奎的资产很快就转移到仝少宣的名下。

第三，广泛吸收社会游资。此外，他还重用人才，例如包容很有经营之术的史焕堂等。出色的经营，使得垣曲号很快在多

[①] 该部分参考了《民国河东盐商巨擘——仝少宣》（李竹林，薛学亮：《盐业史研究》，2006年第1期，54-59页）的部分内容。

处设有分号，如除了运城南风集团本部的总号，在山西境内的分号有闻喜盐店、洪洞盐店、襄汾盐店、垣曲盐店。在西安也设有分号。1938年，由于山西全省在抗战中沦陷，仝少宣资产几乎损失殆尽。

三、四川盐商（自贡盐商）

四川省有一座因盐而闻名的城市，众多盐商曾在这里发家，它也被称为"千年盐都"，不但实力强劲，而且在盐文化和盐旅游方面都在全国占有重要地位，还是盐帮菜的最大产地。这一城市，就是著名的因盐而生的自贡。川盐，在很大意义上，就是自贡盐。自贡盐商就是四川盐商的代表。

（一）自贡盐商概况及特点

自贡位于四川盆地的南部地区，属亚热带季风气候。该城市自古以来就和盐有着不解之缘，"自贡"这一名字分解开来，就是"自流井"和"贡井"的合称。伴随着盐业经济的不断繁荣，自贡的盐商在全国拥有很大影响力。

从构成上来说，自贡盐商既有本地人，亦有外地人；既有世代从事盐业的，亦有新入的盐业开拓者。自贡，这一以盐命名的城市，盐商自然规模庞大、种类颇多。有专营的，亦有兼营的，有独

盐　　商

资的，亦有合作经营的。按照业务和拥有物品的差异，称谓自然有别，有井商、笕商、灶商、银钱商，以及竹商、炭商、木商、油麻商等。当然也有传统意义上的运商、引商、坐商、票商之别。从出身来看，自贡盐商主要有下面几大类：一是土地所有者，如王三畏堂；二是借贷资本投资者，如李四友堂；三是商业资本投资者，主要是指明末清初来自陕西的商人；四是那些所谓白手起家的，或者勤劳、会经营，或者垄断某些技术的职员等。

　　从出身、地位、传承、业务来看，自贡盐商具有如下几个特点：一是，家族业盐者多。如王、胡、李、颜四大家族。王三畏堂自王余照起家，后传至堂侄王惠堂、王达之。李家也是世代业盐，到李维基、李维均、李维圻、李维墀四兄弟时取名"四友堂"，后传至李德山、李绍堂等。颜桂馨堂则由颜昌英创办，传至颜晓帆、颜觉吾。胡慎怡堂的创始人是胡元海，传至胡勉斋、胡汝修等。这些家族初期凝聚力较强，而在后续经营和代际传承中，陆续出现了较为明显的问题。二是，外来迁徙者众多。自贡的盐业资源吸引了外地盐商，尤其是陕商来此经营盐业。保留至今的西秦会馆（1736年合资修建）就是很好的证明。当然，其他地区的盐商也不少，修建南华宫的广东商人、修建霁云宫的贵州商人、修建天后宫的福建商人等。三是亦官亦商者少。这点和其他地区的盐商区别非常大。与其他地区的盐商相比，自贡盐商与官府的联系不是非常密切。因此，他们致富的手段更多依赖于占有生产资料和拓展市场。似乎在有意或无意之间，自贡盐商就站在了政府或者政策的对立面。他们更多不是通过结交官员或者"报效"朝廷去争取政策支持，而是突破甚或对抗政策来获取利益或守护资产，如为了反对官府的"增抽水厘"、开办官运等，与官府进行激烈对抗，陷入被官府通缉的劫难之中。[1]

（二）自贡盐商四大家

自贡从19世纪60年代到20世纪40年代，有过两批盐商因战争的爆发而崛起、因战争的结束而衰落。第一次是在太平天国运动时期。1853年太平军攻陷了南京，两淮盐路断绝，这种情况下，多年以来的岸引疆界被打破，第一次"川盐济楚"由此拉开帷幕。这大大刺激了自贡盐业的发展，人们纷纷筹措资金投入新盐井，"积巨金业盐者一千七百余家"[2]。这使得自贡经济空前繁荣，百业兴旺。自贡"四大家族"也是在这样的背景下崛起的。

1. "王三畏堂"

"王三畏堂"从王朗云起家。清道光十八年（1838），他利用分房田产作抵押与陕西商人签订"出山约"，规定在扇子坝共同开凿盐井，每凿一新井，主出井厂基地，各出押山银400两

---

[1] 王云：《明清盐商行为管理研究》，南昌：江西财经大学博士论文，2018年，第75-76页。

[2] 凤凰：《自贡近代盐商四大家族兴衰史》，《中小企业管理与科技（中旬刊）》，2010年第2期，第90页。

盐　　商

和凿办资金，全井收益分30股，主占12股，客占18股，客方分股18年届满后，井厂全部无条件归还主方。

从道光三十年到咸丰十一年（1850—1861），王朗云对盐井先后复淘改造，又凿成三生、金海、添福等盐井，使王氏家族的盐产量位居富荣盐场的首位。川盐济楚期间，王朗云抓住这难得的机会，开设广生同盐号，并在重庆、沙市、宜昌等地设分号专销济楚的川盐，由此获得高额利润。获利之后，王朗云大量收购田土乡庄，在富顺、威远、宜宾等地都有地产，所以后来的四川总督丁宝桢称其"富甲全川"。

在自贡四大家族中，王氏和官府的关系最为密切，由于其祖上为官，使得王氏容易和官府搭上关系，从而为他广开销路提供便利，其他三家虽也和官府也有交道，但密切程度显然没法和王家相比。当然，相比其他盐区的盐商，自贡盐商与官府的关系是最疏离的。

同治六年（1867）是王朗云53岁寿辰，他设筵大庆，诸多地方官员都是座上宾，如云南兵备道、翰林院编修赵树吉，武英殿大学士贾桢，工部尚书、翰林院修撰翁同龢等列名拜寿。此时的王朗云达到人生的制高点，六年前因为抗击云南农民军，王朗云就被赏赐花翎，其后他又捐得候补道和二品顶戴等官衔。他本可以在这些头衔下保身，但太过招摇的他不断和官府作对，还指使盐工捣毁过水厘局，虽然他凭借财富脱身，但是也导致后来丁宝桢拿他杀鸡儆猴。太平天国运动之后，曾国藩以"淮纲之兴替，全视楚岸之畅

第二章　不同盐区的盐商

滞"为缘由,开始逐渐"收复楚岸",到了光绪二年(1876),两湖全部复归两淮。又加之光绪三年(1877)四川总督丁宝桢先后在犍乐、富荣两大盐场创办官运局,实行官运商销,大大缩小了王氏等大盐商的利润空间,王朗云为此不断上访户部,引得清政府不满,朝廷决定交丁宝桢将其革职查办,王朗云急逃他乡。

王朗云死后,"王三畏堂"由其堂侄王惠堂继承。王惠堂大肆挥霍、经营无方,如大修馆舍耗费铜钱20余万串,承建承德堂大厦又耗银十多万串等。并且,家族内部不再团结,各房分权而居、只谋私利,"王三畏堂"瞬间走向衰败。王惠堂之后的王星垣更加胡作非为,后来虽有王达之、王作甘的一番作为,但在刚才所说的大环境下实在大势已去。1928年,"王三畏堂"共负债105万两白银,被迫抵押大量财产。可以说,自贡盐商的衰落,内部子弟的不肖不可忽视,但外部楚岸行销地域的减少才是根本原因。①

王氏家族当时可以说"富甲全川"。在那时辉煌的年代,曾经建造了家族祠堂——玉川公祠(位于自贡高新区板仓街尖山社区,现在属于第八批全国重点文物保护单位)。祠堂之名,以王玉川——王朗云祖父之名命名。祠堂是四合院布局,两进院落。目前,建筑保存基本完好,人们从精雕细刻的柱础窗棂,依然还可以感受王家当年的无限风光。祠堂大门高近3米,门楣上雕刻着"玉川公祠"四个大字。主体建筑通高超过9米,小青瓦屋面,

---

① 凤凰:《自贡近代盐商四大家族兴衰史》,《中小企业管理与科技(中旬刊)》,2010年第2期,第90-91页。

065

而屋顶是悬山、硬山式的，是典型的川南祠堂建筑。“玉川公祠占地6000多平方米，东西长约110米，南北宽45米，大小房屋60余间，天井48个……”自贡盐业历史博物馆馆长、研究馆员程龙刚介绍，“即使放到全川，它也是现存宗祠建筑中的上乘之作”[①]。

还需要提及的是，王朗云为何能够富甲全川呢？从资本和创新角度看，百年前王朗云的经商理念，竟然与今天招商引资“BOT”模式异曲同工，且从未放弃“产业科技创新”。

该家族在面对民族危机时，慷慨仁义。1944年，冯玉祥到这里宣讲“抗日救国献金运动”，王三畏堂末代总理王德谦深明大义，作为抗日捐金第一人，不仅捐资1000万元法币，是个人献金最多的，还捐出两百石黄谷（参见图2.3）。此举深深感动了冯玉祥，他当场书题“见义乐为”四字相赠。

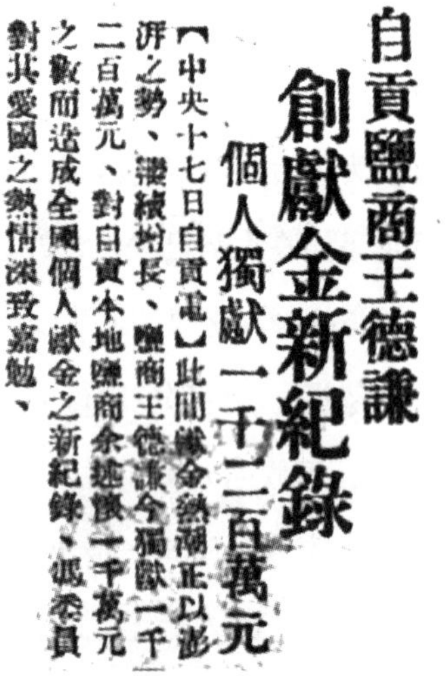

自貢鹽商王德謙
創獻金新紀錄
個人獨獻一千二百萬元

【中央十七日自貢電】此間獻金熱潮正以澎湃之勢、繼續增長、鹽商王德謙今獨獻一千二百萬元、對自貢本地鹽商余述懷一千萬元之數而造成全國個人獻金之新紀錄、馮委員對其愛國之熱情深致嘉勉、

图2.3　自贡盐商王德谦创献金新纪录

（图片出处：《自贡盐商王德谦创献金新纪录》，《东南日报》，1944年7月18日，第3版。）

除此，该家族还兴办义

① 吴晓铃：《玉川公祠　自贡盐商富甲全川的时代缩影》，四川日报2020-12-29（https://sc.cri.cn/n/20201229/5559a759-a411-cc0c-cb74-1a17c343bb54.html）

学，创办了川南最早新式学堂。王家的私塾设在玉川公祠左侧厢房内。从1877年到1901年废除科举，20多年里，从这里走出了很多读书人。之后，在私塾基础上，又建成了王氏树人学堂，招收外姓学生，成为自贡甚至川南现代教育的摇篮。特别值得一提的是，这所学校还开创了私学中聘请外籍教员的先例。如学校的理化等学科老师从日本邀请，军工专家王道周等多位名人都曾在这里就读。

2．"李四友堂"

这是清代富荣盐场盐业世家李氏家族的堂名。作为19世纪中叶中国最大的盐业集团之一，李氏先祖自元代由河南固始县迁到四川富顺，世代经营盐井。李氏家族发展于李维均、李维基、李维圻、李维墀四兄弟时，取名"四友堂"。道光年间，李维基利用陕西盐商合资凿井煮盐而加速发展。道光十九年（1839）建成"四友堂"堂祠，到道光末年，李氏家族的盐业发展规模很大，拥有卤井七眼、火井三眼、锅灶六百余口，日产二百余石。后趁着川盐济楚的大好形势，快速发展，盐井超过一百眼，日产卤水数千担，火圈灶八百余口，田产五千余石，雇工千余，在重庆、綦江、仁怀都有盐号。光绪年间盐业资本超过一百万两，富居盐场次席，其后逐渐衰落，至20世纪40年代解体。[①]

[①] 宋良曦等：《中国盐业史辞典》，《上海辞书出版社》，2010年版，第236页。

盐　　商

3. "胡慎怡堂"

胡慎怡堂，是富荣盐场胡氏盐业家族的堂名。胡家先后主政的有胡元海、胡勉斋、胡汝修、胡孝先、胡铁华五人。胡氏，原籍江西庐陵（今吉安）。嘉庆年间的先祖胡礼纬同族人一起入川到自流井经商。道光初年，胡礼纬的儿子胡元海开始与他人合伙经营盐业，获利后置地办井、设锅煮盐。同治四年（1865）建成居室并取名"慎怡堂"。从光绪十九年（1893）到宣统三年（1911），胡氏盐业发展很快，拥有卤水井二十一眼、锅五百余口，盐号一个，堆栈多处。雇工一千一百余人，还有典当等业。积累资金超过百万，至抗战初期逐渐衰落。[1]

4. "颜桂馨堂"

自贡的颜氏集团是从颜桂馨堂兴起的。依靠自己对盐地质的研究、对深井技术的掌握以及对采卤制盐的探索，颜桂馨堂最先开发了深层的卤气资源，在短短十几年间就富比千户侯。[2]后进行大规模生产和经营，创立相应的规章制度。又做了不少修桥铺路、开辟河运等公益事情。从颜桂馨堂开始，承继的德馨堂、嘉阴堂、怡怡堂、承善堂、经五堂、庄寿堂、可贞堂等，都使得

---

[1] 宋良曦等：《中国盐业史辞典》，上海辞书出版社，2010年，367页。
[2] 颜献琪、颜文舫、颜左：《颜桂馨堂与自流井》，《盐业史研究》，1990年第3期，第64页。

第二章 不同盐区的盐商

颜氏家族成为自贡的大盐商。

追溯历史不难发现,颜氏是春秋时期颜回的后裔,几经辗转,在清雍正十一年(1733)时,湖广移民四川达到高潮,颜廷耀携夫人温氏及三个儿子从广东海丰来到四川威远县连家冲,立下了脚跟。传到颜仕超、颜昌英时,兄弟两人于1820年在钻研的基础上选择了一低洼狭窄之地独资凿井,凿成于1825年,取名"永兴井",取其"永世兴旺"之意。颜家依靠此井首次步入盐场并很快致富,让颜家特别欣慰的是,永兴井连续取卤烧盐一百一二十年,延续时间之长极为罕见。并且,该井不光有咸泉,还有丰富的天然气。后来颜家又凿北海井、龙井、东海井、同源井、同兴井、同盛井、源流井、福海井等。颜姓成为自流井盐商旺族。颜氏三兄弟中,颜昌英的桂馨堂最盛,颜蔼廷的怡怡堂次之,颜仕超的敦五堂又次之。

特别值得提及的是,颜昌英胞侄颜蕴山是自贡盐业史上难得的、颇有声望的科技人才,他多才多艺,创造了许多钻井、打捞的工具,因为他精通建筑,修造的井房异常坚固。他擅长井中取难。凡遇盐井落难,他能够根据实情创造打捞工具,极为奏效。以致在他去世后,井口管事们还非常尊崇他,常常在井口供奉"颜公蕴三香位"的木牌表示纪念。颜蕴山,因为个子矮,又排行老三,所以人们称之为颜三土地。颜昌英喜其志、赞其行,就请他一起在颜家干,但颜蕴山看到颜家已经发达以及叔父足够支撑颜家的管理,就谢绝了颜昌英的邀请,受雇于王三畏堂。在

盐　　商

王家，他尽心尽职，被王家视若珍宝，他发明的"深井浅推"在自流井传为佳话。①颜蕴山创造的凿井、治井工具，在自流井传播、使用、推广并载入了《富顺县志》。

颜家也多行义举，颜昌英好行善事，比如创建学校，修筑道路。当他看到自流井万商云集，而往来道路狭窄、泥泞阻塞不便时，就不惜重金，买山代石，雇人修路。从自流井开始，修筑便于通行的石板路数百里：南至宜宾，北至资中，西至乐山、夹江，这样大大便利了各种物资的运进运出。看到溪水涨落无常的犍为三江镇，行人往来极为不便，颜昌英就修建石桥方便通行。其他如威远太阳桥、富顺观音滩、荣县汪家滩等地的石桥，皆为颜家所建。其他远方桥、路、义琢、义渡，只要有人倡首，颜家都会捐资。对无力丧葬嫁娶的穷人，更是随时接济。对老人、病者的接济，一年达数百人。特别让人佩服的是，颜昌英还经常遣人运米入市，比市价稍低出售，防止一些奸商垄断米市而导致老百姓挨饿。面对天灾，他更是捐出巨资，还与李集庵买田将岁收租谷用以周济文人参加童试。"尤其可贵者，所行喜事，皆诚使

---

① 1870年左右，王朗云指示颜蕴山凿办生财井，希望能够取到黑卤，但凿至二百三十丈仍然无果，时逢正月新春，王朗云决定停办，颜蕴山口头答应，但他反复思考后仍觉得此井有望，于是瞒着王朗云继续凿井，到当年的冬月终于打出黑卤。王朗云不信，问颜蕴山凿了多深？颜蕴山回答说一共二百九十六丈。王说，如此之深如何推卤？颜蕴山笑答，深井可浅推呀！王终不解，便亲临视察，见黑卤又浓又多，上涌一百多丈，这样汲筒就可以从一百九十丈汲满起推。这就是传为佳话的"深井浅推"。

者秘其姓名，不使人知系昌英所为，从不沽名钓誉。"①

　　颜昌英年事日高时，就量才分工，将家业委托给儿子，如让历练有年的长子晓华总揽内外事务继任永兴井总管，让长于外交的四子觉吾专管盐号，五子专管贡井场盐务，不喜盐务的三子辉山侍亲持家，研究怀轩学说的六子紫澜著书立说。颜家与很多大家族不一样的是，没有把积累的资本大量购买田产，以至于到土改时李氏家族很多地主，颜氏几乎划不出一户地主。并且，颜昌英对子孙的教育很上心，从来四川立户的颜廷耀开始，对待子孙，莫不以读书识字为急务。颜昌英笃信这样的道理：世有读书而不明理之人，断无不读书而明理之人。颜氏义学前后承办数十年之久。

（三）四川新式盐商

　　由于盐极其重要的地位，即使在多种不利因素的作用下，川盐产销依然有利可图。仿佛在不知不觉间，自贡盐厂的归属发生新旧更替，新生盐商也是在时局的变更下、在机会到来时迅速积累财富。

　　在前面的自贡盐商四大家族部分，我们提及有两批盐商曾因战争的爆发而起落，第一批盐商就是崛起于太平天国运动的四

---

① 颜献琪、颜文舫、颜左：《颜桂馨堂与自流井》，《盐业史研究》，1990年第3期，第69页。

盐　　商

大家族，而第二批也就是四川新式盐商，则是崛起于抗日战争时期。1937年抗战全面爆发，海盐生产遭到破坏，盐源迅速减少，全国食盐逐渐供不应求，一些地区甚至发生盐荒。1938年3月，国民政府便要求自贡盐场年产食盐增加15万吨。这使得自贡盐场迅猛发展，自贡也迎来了又一次全面繁荣的黄金时代。这就是历史上著名的第二次"川盐济楚"。余述怀等人就是凭借这一机会起身为新式盐商的。

余述怀，农家出身，光绪末年还只是一名伙计。但他处世精到，善于经营，早期也积攒了些许财富。宣统二年（1910）他紧紧抓住老盐号源昌枧经营不好的机会，用债权作抵押，取得了海流井18年的经营权，这是他行盐致富的第一步，也是极为关键的一步。之后，余述怀凭借自己的能力赢得主动，生意越做越大，到抗战爆发前，其资本在当地已经位居前列。抗战爆发后，他继续扩大资本的同时，利用儿子在美留学之便利，在美国成立贸易公司，获取厚利。1944年国难之时，在盐商余述怀的带动下，自贡盐商们纷纷慷慨解囊，短短35天，便募得1.2亿元，自贡捐款为"全国之首"。

这一时期，自贡著名的盐商还有熊佐周、侯策名、罗筱元、刘瀛洲等人。他们的发迹过程大都与余述怀相似，如侯策名，同样出身农家，也从杂货铺伙计干起，后买下老盐业家族的产业走入盐场。1938年他也把握了"川盐济楚"的时机，大量囤积盐业生产所需材料。那时货比钱贵，侯策名借此大赚一笔。其

第二章　不同盐区的盐商

后川盐销路大开，侯策名凭借全兴、中华运盐盐号，获利颇丰。

作为近代盐商著名代表的刘瀛洲（1894—1970），在抗战爆发前已经拥有颇丰的盐业资产，趁着第二次"川盐济楚"的东风，抗战期间的他也组织了"新兴运输公司"，从事食盐、煤炭的运输贸易。难能可贵的是，他不断地引进人才，如引进复旦毕业的邓燮康、邓宅华，留美的邓式曾等，将盐厂改造成现代意义上的公司。20世纪40年代后期，刘氏企业已经发展到很大规模，形成了一个集产、运、销于一体，兼有原材料供应、金融、保险、机械维修在内的企业集团。直到1954年盐厂合入公私合营自贡久大制盐股份公司时，该厂产量仍能占到全公司的三分之一，是贡井盐厂的重要组成部分。

随着抗战胜利，淮盐重新进入两湖，川盐退回原先的运销区，自贡的黄金时代终结。这批新型盐商努力抗争，但结果并不尽如人意。1948年七、八月间，钮建霞新任川康盐务局局长召集自贡场运两商开会，传达当局"扶淮抑川"政策。这无异于在盐商伤口上撒了一把盐，所有自贡盐商几乎走到了破产边缘，多亏1949年12月自贡得以解放，市场恢复，自贡盐商才得以维存。

如果把自贡盐商和扬州盐商相比较的话，我们就可以发现，作为东西两大互相竞争的盐业群体，主要存在着三方面的不同。一是从社会身份来说，扬州盐商是地道商人，自贡盐商还兼具企业家身份，这是自贡盐商的独特之处。二是政策运作目的不同，扬州盐商希望保持现有政策，想方设法在政策空间内争取最

盐　　商

大利益，而自贡盐商则常常力图突破现有政策；三是从组织目的来看，扬州盐商更倾向于运作外部政策，自贡盐商则更注重维护内部平衡。当然，从共性上来说，扬州盐商与自贡盐商具有四大相似性：一是都明显受国家盐政影响；二是通过捐纳进入官场；三是在经营理念上，都是以末致富、用本守之；四是都有"学而优则仕"的观念和崇儒情结。[①]

四、长芦盐商

长芦盐商，顾名思义指来自长芦盐区的商人。位于渤海湾沿海地带、绵延千余里的长芦盐区，历史悠远，已有三四千年的历史，是我国华北广大地区用盐的重要供应地。在古代，长芦盐区属于幽燕之地，是最大的海盐产地，在历史上赫赫有名。西周初期，这里的海盐生产已经发展为相当规模；元朝，盐场共设置22处；明朝隆庆三年设置20处；清雍正十年（1732）裁减到10处；至民国14年（1925），就只有丰财、芦台两处盐场了，这两处盐场就是塘沽盐场、汉沽盐场的前身。

提到长芦盐，就不免要提及"沧州盐"。长芦，即沧州。长芦原为水名，在今河北省沧县境内，因河两岸长满芦苇而得名。北周设长芦县。长芦城在唐开元年间被大雨淹没，县城迁到

[①] 魏登云、莫宏伟：《论清代扬州盐商与自贡盐商之异同》，《遵义师范学院学报》，2017年第3期，第23页。

第二章 不同盐区的盐商

永济河东，即今天的沧州市所在之处。所以，长芦盐和沧州盐基本上是一回事，"一粒长芦盐，半部沧州史"道明了二者的密不可分。提起沧州的盐，首先想到的应该就是"长芦"二字，这里属于古代齐国，从"夙沙氏煮海为盐"开始，古齐地的海盐就在国计民生中占据巨大比例，盐税成为当时最重要的财政收入。据《管子》记载，齐国的盐价可以和黄金比肩。地处齐国北部的沧州沿海，自然也得鱼盐之利。西周时期，渤海之滨即成为重要的产盐区，秦统一后，渤海西北属上谷郡，这里煮盐业迅速发展并带来当地经济的繁荣，时有"上谷之饶"之称谓。西汉时期的沧州更是出现盐场林立的局面，此时国家开始设盐官，渤海郡章武县（县治位于今黄骅市故县村北）作为首批置盐官之地。东汉继续在章武设置盐官，到东魏时期，朝廷于沧、瀛、幽、青四州置灶，其中沧州盐区置灶数量占比超过四州的80%。

经过隋唐时期的发展，宋代在这里设长芦镇，从那以后就把这一产盐区统称长芦盐区。沧州盐业在宋代以后成为全国六大海盐产区之一；元明时期，这里盐业的发展达到高峰期。从区位上看，这里"北拱幽燕，南控齐鲁，东连渤海"，优越的地理位置促进了盐业的发展。明朝初期诗人瞿佑的诗句"万灶青烟皆煮海"，就是对这里盐业发展的极好写照。明朝后期，沧州盐业开始衰落，诸多盐场相继被裁减、废弃。至清代乾隆末，原有的长芦盐商或者破产，或者负债累累。清代，在长芦盐运使以上设"盐政"或"敖院"，掌管盐务行政，驻守天津。清政府为加强

盐　　商

管理，于咸丰十年（1860），将长芦盐务划归直隶总督直接掌管，可见政府对长芦盐务的重视。

从清末到20世纪30年代，长芦盐运使主管长芦盐务。其间，北洋军阀统治时期，每一派系都争夺引岸，军阀将其亲信组成垄断性的专卖集团，排挤旧盐商。到1932年11月，长芦所有盐务，如行政、稽核、收税、缉私等事项，均置于洋员控制之下。七七事变以后，长芦盐区被日本全部侵占。

（一）概况及特征

从盐商的构成来看，长芦盐商主要是"开中制"背景下兴起的晋商与清代聚集于盐业中心的津商。[①]

正是因为晋商在长芦的影响力，所以，一提到长芦盐商，首先想到的是晋商。客观而言，长芦盐商中晋商的确不少。如晋商王海峰率先获取了青沧地区长芦盐区的盐引并发展为长芦盐区的巨商。明初在长城相继设立了九个边防重镇，商人需至长城"九边"[②]报中输纳后方能获得盐引。长芦盐区晋商的发迹，多

[①] 王特：《长芦盐运视野下的聚落与建筑研究》，武汉：华中科技大学硕士论文，2020年，第42页。

[②] 〔清〕张廷玉等纂：《明史》（卷91，志67，兵3，北京：中华书局，1974年，第2235页）记载："初设辽东、宣府、大同、延绥四镇，继设宁夏、甘肃、蓟州三镇，而太原总兵治偏头，三边制府驻固原，亦称二镇，是为九边。"

第二章　不同盐区的盐商

是得益于这一时机。长芦盐区是当时重要的产盐区，山西的商人随着政府筹措军需和开中法的推行开始进入长芦。当时，蓟州、大同与宣府属于长芦盐的中盐边镇，长芦盐商需要赶到这三个边镇报中输纳从而取得盐引。由于九边的偏远位置以及山西所处的特殊区位，加上明代开中法的实施，晋商在河东地区迅速崛起的同时，在长芦盐区也很快兴起并发展成为长芦盐商的主力。

作为长芦盐商的主体，晋商在长芦占有相当规模的资本，并与明清专制政府保持"互利合作"的关系。《长芦盐法志》中记载了五大商纲，分别是：浙直之纲、宣大之纲、泽潞之纲、平阳之纲、蒲州之纲。五纲中，晋商独占四纲，其中的潞泽商、平阳商、蒲州商、宣大商，都是在河东行盐赚取第一桶金后涉足长芦盐区的。当然，晋商不仅仅涉足长芦盐区，其足迹几乎遍及大江南北，如明代的河东盐池商人刘氏就在运城发家，后来将生意一直做到两淮盐区。

在长芦盐商中，津商的比例也很大，尤其是清代中期以后。康熙年间，长芦巡盐御史衙门从北京移至天津，长芦盐运使司衙门也从沧州迁至天津，从此天津自然也成了长芦盐商的大本营。天津的"八大家"一半以上都是长芦盐商，如振德黄、益德土、益照临张、长源杨、李善人等。由于盐商的聚集，这里还建立了专为组织长芦盐商的行会"芦纲公所"。出于多种需求，如奉旨、课税、捐资、盐业拨付等，长芦盐商及芦纲公所在天津建造了很多行宫、署衙、基础设施。同时，还有不少学校、文庙、

盐　　商

书院义学以及慈善建筑等。这些工程建设为天津的发展做出了很多贡献。①

如果和其他地区的盐商相比较的话，长芦盐商的突出特点就是官商结合和切近宫廷。明清时期，在长芦经营盐业的晋商尤其是大盐商，一般都是家族经营，并且家族和官僚体系紧密结合，逐渐形成官商一体化家族。②长芦官商家族多经商起家而后致仕，因商而官，以期获取更多特权和更大利益。如蒲州展玉泉，"往岁天子以司农告諝谕，民能入赀县官以助国计者，视所入之丰瘠予高下爵，玉泉遂应其令，前后凡上数百金……"③张四维家族亦是在长芦经营盐业的官商巨族，其四弟张四象的监生资格就是通过捐纳获得的；张四维则在家族的鼎力支持下，通过科考进士及第，并在高拱的举荐下，官至吏部侍郎，并使张家声名显赫。而且，张氏还与盐商王崇古家族、内阁大臣马自强等家族建立姻亲关系。张四维之母是王崇古的二姐；张四维的三位弟媳分别来自当时的王氏、李氏和范氏家族；张四维的一个儿媳妇则是兵部尚书杨溥的孙女；张四维的女儿嫁给了马自强之子马淳；马自强之弟马自修也是大陕商。这样的家族背景和官商的联

---

① 王特：《长芦盐运视野下的聚落与建筑研究》，武汉：华中科技大学硕士论文，2020年，第41页。
② 吴香玲：《明清时期长芦的晋商》，东北师范大学硕士论文，2019年，第16页。
③ 〔明〕张四维撰：《条麓堂集》，卷23，《送展玉泉序》，明万历二十三年张泰徵刻本影印版，第41b页。

第二章 不同盐区的盐商

合使得他们在盐业领域几近游刃有余，无往不胜。这几大家族还共同构成张居正的班底，并对当时的政策产生影响。①这些都说明，长芦盐商的"官商"特征明显。如果对明清两朝进行对比的话，清代长芦盐商的官商特征尤为凸显，介休范式和晋城王氏家族都是典型代表。

特别值得一提的是，大盐商张霖就是和清代权臣明珠关系密切，所以才有了"成也明珠败也明珠"的说辞。必须承认的是，张氏家族业盐的成功以及张霖仕途上的顺利，背后都有明珠的影子。做过总管内务府大臣的明珠在康熙年间（尤其中期以前）炙手可热，其荫蔽下的张霖当然顺风顺水，做官也好、行盐也罢，都是成功的。早期的张霖仕途上一帆风顺，康熙三十四年（1695）六月，张霖在陕西驿传道的位置上升任安徽按察使，仅仅三年之后，就升任福建布政使司布政使。但在康熙后期明珠因"朋党"获罪的情况下，张霖也因为和明珠的关系，遭受了参劾，导致生意不顺。如关文斌所谈的："在通过明珠或自己的网络追逐权势和财富的过程中，张霖所结下的仇敌或许比他自己意识到得多。"②张霖所面对的那些参劾，它们的矛头可能最终指向的是明珠。一条"三无"题参就结束了张霖的仕途，至今读来仍觉蹊跷。难怪高凌雯在修志时提出疑问："张鲁庵被劾，其罪

---

① 吴香玲：《明清时期长芦的晋商》，长春：东北师范大学硕士论文，2019年，第17页。
② ［美］关文斌：《文明初曙·近代天津盐商与社会》，天津：天津人民出版社，1999年，第110页。

盐　　商

为出身盐商，官方有玷。然长芦设有商籍，许商人子弟应试。且盐法志载商人报效，无不奖予官职，由此出仕者亦不乏人，是又不禁止盐商作宦也。"[1]当然，明珠的"善始善终"也救了张霖一命。[2]而与张霖有关联的盐商张氏、安氏和查氏，也与官府和宫廷有着较为密切的关系，特别是安氏。

（二）长芦盐商代表

1. 王惠民家族

王惠民家族是长芦盐商的突出代表。作为"皇商"，王氏在盐业经营的过程中，自然享有独特的优势。王惠民家族大约从康熙年间开始经营盐业，很快就成为举足轻重的盐商。王惠民之后，儿子王至德、孙子王同文都经营盐业，历经康熙、雍正、乾隆三朝。康熙四十五年（1706）天津大盐商张霖被参革治罪，他所拥有的蓟州、遵化等8处引地被罚没归公，随后由盐商梁樟接办，但梁樟很快又被参革，这种情况下，王惠民接手，使得王家此时至少拥有了11处引地。此后，其引地数量不断增加，与之相伴随的，是王家的引额一直增加，这使得其每年的利润达到

---

[1] 高凌雯辑：《志余随笔》，天津市地方志编修委员会编著：《天津通志·旧志点校卷（下）》．天津：南开大学出版社，2001年，第710页。

[2] 高鹏：《长芦盐商与天津文化的形成发展》，天津：天津师范大学博士论文，2014年，第37页。

五六万两。①鉴于皇商的身份,当需要向朝廷表达忠心之时,王家必须比一般盐商更为慷慨,如乾隆九年(1744)的水灾赈济、乾隆十三年(1748)的金川兵饷中,王氏名字都在捐款清册及议叙名单的首位。②所以,王家经营盐业一年的纯利润并不是特别多,后来,因为行盐利润难以满足对暴利的期待,王氏私卖余盐。这一举动被查实后,王氏被革去盐商资格。

2. 范氏家族

起源于山西介休的范氏家族,从属地上来说,属于晋商。但范氏不仅活跃于河东地区,在长芦盐区也有很大的影响力,并且在清代被纳入皇商行列。基于长芦盐商切近宫廷的特点,把它放在长芦盐商中介绍。

明初,该家族即在蒙古从事贸易活动,范永斗是第一个代表,到明末清初,已经成为满蒙地区最大的贸易商之一。③该家族通过张家口等地的满蒙贸易活动,与满族统治阶层建立了稳定的合作关系。所以范永斗在清朝入关后被选为八大皇商之一。皇商由内务府管理,经营资本可以申请政府贷款,也就是"官帑",同时还可以享受部分减免税的待遇。范氏经营粮食、铜

---

① 吉朋辉:《清代内务府盐商透视——以长芦盐商王惠民家族为例》,《盐业史研究》,2017年第4期,第59-60页。
② 黄掌纶:《长芦盐法志》卷五,续修四库全书:840册,上海:上海古籍出版社,2002年,第90-95页。
③ 左承业:《万全县志》,清乾隆七年(1742)刊本,志余。

盐　　商

钱、盐业等贸易，所以范氏不仅是大粮商和大铜商，还是赫赫有名的大盐商。范氏家族在长芦盐区、河东盐场的资本都很多，雍正时期具有很大影响力，其势力在雍正末年达到顶峰，乾隆时期步入衰败。①提到长芦盐商，不能不提及爱国实业家范旭东。1914年，范旭东在塘沽创办久大精盐公司，从而首次开启了中国的精盐生产，打破了长期存在食盐运销的引岸制度。此后，范旭东面对当时国际社会上制碱技术严重垄断的情况，积极筹建碱厂，1917年又在塘沽创办永利制碱公司，1922年又创办了中国首家私立化工研究所——黄海化工研究社。从而形成了永（利）、久（大）、黄（海）团体（简称"永久黄"）。在抗日战争爆发前，范旭东创办的"永久黄"的化工企业团体已经实现盐、碱、酸的规模化生产。该团体恪守"四大信条"，即在原则上绝对相信科学，在事业上积极发展实业，在行动上宁愿牺牲个人，顾全团体，在精神上以能服务社会为最大光荣。在这些信条的指导下，"永久黄"团体不但在抗战期间基本化学产品的供给上竭尽全力，还为战后中国化学工业的复兴描绘了宏伟蓝图。②直到今天，以范旭东为首的这一团体的名字仍然熠熠生辉。

---

① 李雅雯：《运城盐商经营研究——以范永斗家族为例》，上海：上海交通大学硕士论文，2016年，第9页。
② 赵津、韩冬：《抗战时期企业社会责任的历史考察——以"永久黄"团体为例》，《历史教学》，2012年第12期，第10-11页。

3. 黄氏

黄氏世居天津，发家较晚，是从道光年间接办盐引而起家的，创业人为黄静山。黄静山聚财有术，但不到五十岁就死去，黄星桥（又名黄铁杉）接替家业，并成为天津的大盐商，因其盐引的字号是振德，所以被称为振德黄家，黄星桥曾担任芦纲公所纲总。黄家资力厚，和其他盐商不同的是，黄氏手内常有存盐。遇到两淮盐务缺运之时，黄氏就拿出存盐应急并从中牟取暴利。并且，由于他的销区县份多，盐务范围最大，行盐领地有河南省舞阳、偃城、内黄等，河北省威县、广宁、武强、赵州、献县等，以及在大兴、宛平两县的盐引1800余道。用售盐之款在各县之间贩运土货特产，并将其运至天津出售，获利甚大。黄姓当家人黄铁杉，每到河南等引地巡视时，常常横行各县，官府一般也不禁阻。民间因黄铁杉排行老三，就给他起一绰号"黄三大王"，"三大王"为"山大王"之意。进入民国后，在多种原因的作用下，盐利越来越薄，黄氏家业日渐败落。

总体来说，天津盐商文化和其他地区不同，既附宦好仕、崇尚奢侈，又有崇教好文、急公好义的秉性。

五、两广盐商

两广盐商指的是两广行盐区的盐商。在清代，"两广行盐区包括广东、广西两省，福建汀州府、江西南安、赣州两府及宁

盐　　商

都直隶州、湖南桂阳、郴州两直隶州以及贵州黎平府古州"[1]。和其他地区的盐商不同的是，两广盐商或多或少地具有被动的特色，两淮等地的盐商基本都是主动业盐的，而这里的盐商，尤其是埠商等，是政府摊派的。所以，两广盐商常常是不得已而充任的。同时，和淮商等盐商相比，两广地区的盐商作为专业盐商，出现得较晚，大约到康熙末期，这里才具有了真正意义上的盐商。从积累资本的数量来看，两广盐商也相对较少，特别是和两淮盐商相比。

（一）两广盐商的发展

清代，两广盐商基本上有三种人充任，并经历了四个阶段的变化。[2]第一阶段大约从清朝平定广东始，到康熙元年（1662）。这一阶段的盐商主要是"王商"。1647年初，南明皇帝永历帝退出广东后，清政府安排尚可喜坐镇。尚可喜的部下看到充盐商可以谋利，于是纷纷霸占盐埠。所以，这一阶段的盐商被称为"王商"。"王商"们依仗尚可喜之势力，霸占畅销的诸多盐埠及盐场，并且都尽力"轻饷漏课"，以至纷争不断。他们常常不顾广东老百姓的传统习俗——水居之民喜食熟盐、山居之

---

[1] 王小荷：《清代两广盐商及其特点》，《盐业史研究》，1986年第一辑，第65页。

[2] 王小荷：《清代两广盐商及其特点》，《盐业史研究》，1986年第一辑，第65-67页。

第二章 不同盐区的盐商

民喜食生盐,强行配搭生三熟七的比例,并操纵盐价。这一方面使得百姓受害,另一方面也难以保证政府收入。

康熙元年(1662),朝廷下令裁撤王商并改行排商之法,从而使得两广盐商的发展进入第二个阶段(1662—1688)。作为两广盐区的特殊做法,排商是从里排中签点,里排中人要轮流充任;签点的盐商每人承办一年。政府设置排商的目的在于避免"豪强将资强占要地关津,不容商民贸易,欺压诈害"[①],但实际效果不大。因为原来尚之信的部下势力很大,且仍旧占据盐埠。即使实行了里排之法的区域,老百姓也没得到实惠,或者说还给他们带来了不少困扰。因为根据规定,每人都要充商,而这显然是不符合实际的,一方面很多百姓不擅长经商,或者没有资金,并且排商的更换过于频繁,迫使政府只得重新规划方案。

康熙二十七年(1688)后,两广盐商进入第三个发展阶段,即"流商"阶段,该阶段持续到康熙四十六年(1707)。称之为"流商",是因为盐商的充任条件是不论里排和年龄,主要看身家殷富,这改变了排商法中由本地人充商的做法,当地人可以说松了口气。但这同时又引发新问题,即从中选出的总商本来是为催查税赋的,但由于这些盐商大多具有相当的政治背景,他们常常不把地方官放在眼里,政府收入也颇受影响。

政府只得又一次改变充商之法,康熙四十六年(1707),颁

---

① 〔清〕刘坤一等总修、何兆瀛等纂修:《光绪两广盐法志》卷53《杂记》。

盐　　商

布法令,让州县自己招募家底殷实的当地人充商。这就是两广盐商发展的第四阶段,也可以称之为土商阶段。该法规定当地人充商,目的是打破总商的霸道,但又不像排商时期强迫老百姓都充当盐商,也不再年年更换。这一政策的效果不错,但较难长时间维持,一方面由于州县之中有能力并愿意充任土商者人数有限,另一方面由于土商法首重财力,也引发很多变化。如,信丰县在该阶段开始时招募土商,初期效果较好,但很快就出现商人赶办不前的现象。两广盐商发展阶段及盐商成分的变化,说明这里的盐商在较长时间内并未形成独立的社会集团。可以说,直到康熙末年,盐商才渐渐分离于本籍,成为独立的,与两淮、长芦等地意义相同的盐商。

(二)资本及实力

从整体上看,两广盐商的财力是不够充足的。两淮盐商以巨富著称,而在两广地区就很少见到豪富盐商的记载。两广盐商的社会地位及政治势力,远不如淮商。①

其中,有自然、历史因素,也有政治、经济因素。从历史上看,两淮盐商在明中期的势力已经相当大,到万历四十五年(1617)实行纲运制以来,两淮地区凡在纲册上挂名的盐商,就可以永远占有引地,这就具有了行盐的垄断权。况且,由于各

---

① 王小荷:《清代两广盐商及其特点》,《盐业史研究》,1986年第一辑,第74-75页。

第二章　不同盐区的盐商

级官吏的染指，淮商政治势力雄厚，进入清朝以后，两广盐商几经变化，直到康熙末年才出现真正意义上的盐商，其政治、经济基础无法与两淮、长芦盐商相提并论。从自然条件看，两广盐区山多路难走，广西、贵州、江西、湖南、福建的引地多处山区，即使是广东省除沿海外，亦多为丘陵；广东水系较为发达，但不通水路的地方也多。并且，盐路很长，广东从省河运出的盐到各埠，远者三千四百余里[①]。这些，都对商人获利产生明显影响。除此，从盐产量上看，这里的产量也不如其他地区丰富。广东省海岸线很长，但不少地方不能晒盐，并且沿海受台风的影响大，盐产常常受损。

还有不可忽视的一点是官府的索取，这也是这里盐商不够发达的原因。这样的例子不胜枚举。如嘉庆十三年（1808），刘鸿兴、钱檀，向兴国埠商索取钱财，"因索不遂……因勒不饶。辄将兴国城厢内外等处额设、子融各店饷盐四十九万余斤，串同封闭"[②]。同时，捐输也是盐商利润的一大项支出。每逢国家遇到重大问题，如作战、修治河流、天灾等，盐商都要捐银。捐输对资本不多的两广盐商来说是重负。再就是帑息。帑息是官府拿出一笔钱，借给盐商所得的利息。全国每年盐商交帑息，在乾嘉时期，数目都不大。而道光以后，动辄十万，且连续发放。这种

---

① 王小荷：《清代两广盐商及其特点》，《盐业史研究》，1986年第一辑，第76页。

② 〔清〕刘坤一等总修、何兆瀛等纂修：《光绪两广盐法志》卷47《捐输》。

087

盐　　商

帑息对盐商有两方面的影响。从一定程度上说对盐商是有帮助的，但更多是给盐商带来压力或者说沉重的负担，对财力并不雄厚的两广盐商来说，可以说弊大于利。

（三）南海罗格孔氏

两广盐商代表，如广西临全埠商李念德、南海罗格孔氏等，集中出现在乾隆时期，这是由各方面因素综合促成的。这里，我们以孔氏为例分析。

两广盐商罗格孔氏为山东孔子后代，据《孔氏家谱》记载，孔子第五十三世孙孔细祖在元代迁入南海罗格，第六十七世孔毓泰在乾隆年间，由幕业转行业盐，经营乐昌埠盐，从此起家。

孔毓泰，字来建，号履亭，乾隆八年（1743）生，嘉庆六年（1801）终。据第七十一世孔昭慈所撰《赠君孔履亭公家传》所载，他好读书，兼读律，以在官者代其耕，聘为盐都转署主稿。该传记也生动勾勒出孔毓泰因其卓越的案牍之才获得盐运使信任，并委以业盐重任的事实。

自孔毓泰接手乐昌埠之后，孔家苦心经营，终将乐昌埠扩张为拥有11处盐埠的乐桂总埠。南海孔家乐桂埠的成功，离不开孔毓泰直系为核心的家族式经营。孔毓泰生二子，长子孔传灏，次子孔传颜。孔传颜喜欢读书，随父打理盐务。父子品行很好，

第二章 不同盐区的盐商

更多考虑他人的利益和官府的需求，为其扩张经营打下良好基础。孔传颜之子孔继勋考取功名，进一步促进了家族盐业的发展。南海罗格《孔氏家谱》记载，孔氏共计五代经营乐桂埠，自乾隆中期至民国初年，长达一个半世纪。到清代乾嘉之际扩张为跨湘粤两省的乐桂总埠，这得益于罗格孔氏五代子孙的接力经营，乐桂埠业的盐销量占据省河总量的16%，并成为闻名遐迩的大盐商。孔氏还通过科举出仕、与地方军政大吏交游等方式，奠定其岭南仕宦大族的地位。同时，孔氏还与其他大盐商共同推动了两广盐区改埠归纲、改纲归所的改革。①

但我们也必须看到的是，尽管乐桂埠商孔氏的盐业经营很成功，但在这一百多年里，孔氏也是浪里行船，历经波折。这种景象，也确实是两广盐商的一个缩影。

还需要提及的是，南海孔氏以盐业富甲一方，但非常重视文化的传承。他们凭借业盐所致的财富，藏书甚丰。而在中国社会中，藏书之人常常会名垂青史。南海孔氏的孔继勋、孔广陶父子的"岳雪楼"藏书，曾与康有为的"万木草堂"、潘仕成的"海山仙馆"、伍崇曜的"粤雅堂"并称"粤省四大家"。孔继勋的祖父就是上文所言的孔毓泰。孔继勋的父亲是一位秀才，仕途上无多大成就，但手不释卷，他的"濠上观鱼轩"就有四万多卷藏书。在父亲的影响下，孔继勋工书能文，得到道光皇帝的赞

---

① 段雪玉：《南海孔氏：清代广东大盐商家族研究》，《盐业史研究》，2020年第3期，第20页。

盐　　商

赏。他一生的主要所为，除了鸦片战争时协助两广总督处理军务等事宜外，最为后世称道和赞叹的，就是其岳雪楼所藏的书籍字画。孔继勋之子孔广镛、孔广陶更是承继父亲的收藏传统，锐意收藏。被称为"天下第一名画"的《送子天王图》（唐·吴道子）、藏书家绝无仅有的《古今图书集成》（殿本）都在其收藏之列，岳雪楼的藏书曾多达33万卷。

六、两浙盐商

两浙是浙东和浙西的合称。唐肃宗时，把江南东道分为浙江东路和浙江西路，钱塘江以南为浙东，以北为浙西。明清时期，两浙盐场是全国重要产盐区，地位仅次于两淮，杭州为两浙行盐区的政务中心。明清两浙盐场所属地区大致包括四个省，即浙江全境和江苏、安徽和江西的部分地区，包括十七郡以及两个州。

（一）两浙盐商概况

明清时期两浙地区的盐商明代，两浙盐商主要由内商、边商、山商、水商及肩挑小贩等组成，到清代演变为坐商、运商、场商、总商。称谓发生了变化，但他们的运销本质并没有发生多大的变化。从官商关系来看，盐商与官府之间仍是官府主导下的互利互惠关系，不管是价格、运销的方式或区域，都仍处政府的管控之下。官府课税的同时，盐商亦能赚取大额利润。并且，盐商除了交税，还能积极投身家乡和社会建设以及慈善事业等。如捐资创办学校、兴建水利设施，并且投身赈济，两浙盐商在国家面临战争和灾害时捐资、施粥、医疗等，还形成了较为完备的赈济链。还有特别需要指出的是，为了实现由商转士，他们进行了制度创新，即帮助官府解决盐商子弟科举中遇到的户籍问题，这虽然首先出于自己的利益，但是客观上也的确促进了两浙地区文教事业的发展，也给浙商的乐善重义提供了良好的范例。[1]

（二）两浙盐商与商籍

商籍，简言之，即明清时期针对商人的户籍制度。从具体实施来看，主要是针对盐商的。很多盐商长期定居在原籍之外，子女的科举受到限制，商籍便应运而生。

两浙盐商在两浙商籍设立中起到很大作用。为了解决侨居在外者的籍贯问题和科举问题，两浙地区盐商极为努力，最开始是明嘉靖四十年，"两浙纲商蒋恩等为商人子弟有志上进，比照河东运学事例，具呈巡盐都御史鄢懋卿批提学道议允行，运司录送，附民籍收考"[2]。但是附籍仍未有效解决盐商籍贯问题，因

---

[1] 王红伟：《〈两浙盐法志〉所见盐商研究》，杭州：浙江工商大学硕士论文，2018年，第16页。

[2] 〔清〕延丰等纂：《钦定重修两浙盐法志·商籍一》，杭州：浙江古籍出版社，2012年，第648页。

盐　　商

此吴宪与汪文演等请设商籍,后由叶永盛创立两浙商籍,自此,两浙商籍创立。因各地商籍的设立时间不一,如两淮商籍设立于万历十三年(1585),而叶永盛巡盐浙江、设立两浙商籍一般认为是万历二十八年(1600),略晚于两淮。盐商及其子弟在两浙商籍的创立中起到了重要的促进作用。当然,商籍的设立也增加了两浙地区的录取名额,提高了盐商子弟的科举录取比例。除了促进盐商子弟文教科举兴盛外,商籍制度在提高商人地位、发展商业文化等方面也发挥了明显作用。

　　该地区的盐商中,徽商占有非常重要的地位。这从商籍的徽人比例也可以看出来。明清两代,两浙商籍中徽人一直占有较大份额。据《两浙盐法志》商籍记载,明朝两浙商籍进士总计12人,其中休宁8人、歙县4人,都是徽商子弟;两浙商籍举人共35人,休宁和歙县占去了27人,达到总数的77%。清代商籍进士140人,徽人也占去了41个名额;举人489人,原籍徽州的94人。这表明,明代两浙商籍中徽人占绝对优势,清代虽有所下降,但仍不少。[①]

(三)盐商章氏

　　明代至清乾隆时期是两浙徽商的黄金时期,此后徽商在两浙的经营活动已大不如前,或者说,晚清时期的这里的盐业和盐

---

① 唐丽丽:《明清徽商与两浙盐业及地方社会研究》,芜湖:安徽师范大学博士论文,2014年,第33页。

第二章 不同盐区的盐商

商从整体上来说处于颓势，但仍有个别盐商很活跃，来自安徽绩溪西关的章氏，即为当时盐商翘楚。

在两浙，从事盐业经营的徽州人主要是歙县人和休宁人，绩溪籍商人少见，而绩溪西关章氏能发展起来应该归功于章道基（1755—1830）。章道基"安徽绩溪贡生，嘉庆五年任两浙盐运使司经历"①。他为官清廉，坚守职分，以"职所当为必竭其力，思不出位无贰尔心"警示自己和后人（故为"职思堂"堂主）。章道基也凭借任职盐官这一得天独厚的优势，为章氏家族业盐发挥决定作用。

当然，章道基及弟兄开创盐业，离不开宗族成员章必焕、章必林的帮助，更离不开儿子章必馨的鼎力支持。他们共同的努力，使得西关章氏成为业盐于浙的有名盐商。

同时，利用盐业经营所获取的利润，章氏编修家谱、修建宗祠（如图2.4）等，以联结同族，并致力于地方建设以提高本宗族的社会地位。除了建立公贮户，章道源等族人还兴建义学，"族人有广厦一区，在家庙之前，悬价求售，府君买之以为义学，榜其厅事之壁曰：养正堂；题其门楣曰：西关书屋。将延师课读，俾族之贫者咸就学焉。规制既定，归入家庙"②。除此之

---

① 〔清〕延丰：《钦定重修两浙盐法志》，上海：上海古籍出版社，2001年，第476页。
② 〔清〕章维烈：绩溪西关章氏族谱卷一《绩溪西关章氏族谱旧序》，皖南历史文化研究中心藏复印本，道光二十九年（1849）刻本，卷35记。

盐　　商

外，章道基一生乐善好施，救灾赈灾，热心地方公益事业建设。如，参与编修地方志，饥荒之年赈灾〔如，嘉庆十九年（1814）江南大旱。绩溪多山田，饥尤甚。章氏买米五百石以赈〕。章道源因为致力于地方建设，还得到绩溪县令的赏识并与之交好，人们称之为"绩邑义士"。年迈之时还领头创办了绩溪东山书院；为了诫勉子孙谦虚谨慎、忌为富而骄狂，建成"慎思堂"。今天，在其西关故里，仍保存着慎思堂、职思堂、文承堂（主人是章氏后人章定昭，为闻名遐迩的饱学之士，同治年间的太学生。"文承"一词昭示子孙要好好读书以继承并发扬先祖文化）。

图2.4　修建章氏宗祠

七、莱州湾盐商

比起两淮盐商、河东盐商等，莱州湾盐商的影响力似乎小不少，但这里的盐业开始得早，如"宿沙氏煮海为盐"，据燕生东等专家考证就在这里，故而盐业人物还是不少的，古代盐商如东郭咸阳等在全国是极为有名的，到了近现代，特别有名的盐商较少。这里，我们对该盐区进行整体了解的基础上，对以东郭咸阳和杨芝兰等人为代表的莱州湾地区盐商略作介绍。

（一）莱州湾盐区概述

先秦和秦汉时期，莱州湾南岸是全国性海盐生产的中心区域。近年来，考古工作者在莱州湾南岸发掘出了最早的海水制盐沉淀和蒸发池，规模最大的盐井、盐池群和盐灶等制盐设施。这些大规模、密集分布的盐业遗址群表明，这里曾是殷商至西周时期的盐业生产中心。秦汉时期，莱州湾南岸盐业在先秦的基础上持续发展，继续领先全国，是全国海盐生产的重镇。例如，寿光古城又称盐城，清嘉庆《寿光县志》和光绪《寿光·乡土志》都有明确记载。寿光盐城应是在盐业经济基础上形成的一座城市，为当时的盐业中心和朝廷贡盐的制造基地。汉初，弛"山泽之禁"，允许私人自由煮盐，北海郡滨海地区的盐业生产得到较快发展。

山东有许多盐商因经营盐业而致富，如齐人东郭咸阳经营煮盐业，富比王侯。据《汉书·地理志》记载，汉代在全国设盐官37处，而莱州湾南岸则独占7处，这表明莱州湾南岸海盐业在全国海盐业中的重要地位。山东盐产区几乎承担了西汉王朝1/3的赋税额，可见当时这里的海盐业在全国的重要地位。自魏晋南

盐　　商

北朝至宋元时期，莱州湾南岸海盐生产虽经历了由全国性生产中心到区域中心的曲折发展，但一直是北方海盐生产的重要支柱，仍为全国重要盐产区。自明清至当代，随着晒盐法的出现，莱州湾沿岸凭借其优越的自然条件重新崛起。尤其是中华人民共和国建立后，莱州湾南岸重新成为全国性海盐生产中心。

（二）莱州湾盐商

1. 东郭咸阳

东郭咸阳，西汉齐国人（属于古青州），是当时资产累千金的大盐商，汉武帝时，为大农丞[①]，领盐铁事。提到东郭咸阳，对这段历史较为熟悉的人们，首先就会想到"盐铁官营"。诚然，作为当时的大盐商，东郭咸阳更多不是因为盐商而知名，而是因为他和桑弘羊、孔仅一起，助力汉武帝盐铁官营之策的出台。

为了理解的方便，先介绍一下该盐商姓氏——东郭的来历。齐国的姜姓是人们都熟悉的，东郭，就出自姜姓，是齐国公之后。东郭氏的得姓始祖是齐桓公。春秋时，齐桓公有子孙住在都城临淄外城（古代外城称为"郭"）的东门一带，称为东郭大

[①] 大农丞，官职名。本名治粟内史，汉景帝后元年（前156年），更名为大农令，武帝太初元年（前104年），改为大司农。新莽时称羲和，后又改为纳言，东汉时复称大司农。

第二章　不同盐区的盐商

夫。①其后代子孙遂以居住地命姓，称东郭氏。

公元前119年，东郭咸阳和桑弘羊（洛阳商人后代）、孔仅（南阳盐商）一起，为汉武帝的盐铁官营政策献计献策，使得汉代开启了盐铁官营之路并为历代官府所承续。他们三位还充当理财官，筹措山泽税、盐税等，以解急需钱财的汉武帝的燃眉之急。②

2. 杨芝兰

杨芝兰是民国时期莱州湾盐商代表。在原盐滞销状态下，他通过开发水路运输，打破死局，赢得了原始资金，并借用1895年永阜盐场被冲垮、官府要在寿光建设盐场的时机，加上个人和家庭的努力，实现了盐的产销一体。

出生于1877年的杨芝兰，字香斋，原籍南河乡（现寿光营里镇）孙家庄人，少时家境贫苦，父母以耕种为生，生活一度举步维艰。随着杨芝兰与二弟杨芝馨的逐渐成人，其父便在农闲时带领这两个儿子到羊角沟（今天的"羊家口"）盐滩上找活干，维持家庭开支，例如，给人起盐（用独轮推车将盐从盐池推到坨台）、盘盐

---

① 相传周朝齐国国君的同族大夫分居于东郭、南郭、西郭、北郭，都以地名为姓。齐桓公的子孙曾住在临淄外城的东门附近，而古称外城为郭，因此得东郭大夫一称，后来他们就以东郭为姓。据《姓谱》载，齐公侯大夫居东郭，以地为氏。故东郭氏后人尊齐桓公为东郭姓的得姓始祖。

② 汉武帝时，由于南征北讨，费用浩繁，连年入不敷出。前120年秋季，山东大水，漂没民庐几千家，虽发仓赈济，但并不济事，无奈之下移民，但迁至关西的灾民仍无法谋生，因此国用愈匮。

097

盐　　商

（过去是指用马车载盐运输到原盐集中地——坨基）。

光绪二十一年（1895），黄河水淹没了山东最大盐场——永阜盐场（旧址今山东沾化），官府便开始在羊角沟一带广开滩晒盐，羊角沟盐业生产进入盛期。食盐产量上来了，但运不出去，因为当时以马车旱运（陆路运输）为主。杨芝兰和弟弟杨芝馨从这里看到了商机，于是两人商量让产出来的食盐走水运（漕运），这样既能打破产销失衡局面，又能迅速占领市场。二人便从济南租来漕船，通过小清河将原盐从羊角沟运往济南等地售卖，再从济南将煤炭等资源运回羊角沟销售。灵活的思路与经营模式，为杨芝兰攫取了"第一桶金"，并打破了原盐长期滞销的死局，羊角沟盐业开始出现转机。

为了获取更大利润，杨芝兰（见图2.5）以低廉的价格买下了当时被称作"大穷神"的盐滩。重新修整后的盐滩很快变成了"聚宝盆"，并且很快形成了完整的产销体系。由

图2.5　杨芝兰年轻时照片（右一）
（照片由其后人提供）

于他本身文化水平不高，曾遭人暗算，于是他决定送三弟杨芝荣读书考律师，为了激励玩世不恭的三弟，他不惜断指。2019年，杨芝荣的亲孙子、寿光子曰诗社社长杨奎伦向大众网记者说道："大爷爷的这段故事我们这辈人都知道，他的举动成就了我爷爷，也正是

第二章　不同盐区的盐商

那种血性，把后来的产业做到那么大。"①

杨芝兰是商人，但也是"乐善好施"之人。他对羊角沟小商户、盐滩主非常关照，只要找他，他必帮忙。尤其是遇到灾荒或者欠年，他必设粥棚，帮助乡亲渡过难关。1933年，他还主动出钱出物，并组织捐款，对年久失修的太平桥（今羊桥）桥体进行全方位修缮。

1912年前后，杨芝兰产业进入鼎盛时期。据可考证记载，杨芝兰家坐拥盐滩83副，其中大小滩共有80多副，还在多地设有商号，如羊角沟的福隆、福兴隆、福聚隆，济南的"福兴隆"等商号。手下员工四五百人，交通工具中仅是大汽车就有三辆。产业庞大、资金雄厚。羊角沟首部运盐大卡车，便是他家所购。1934年，杨芝兰逝世，享年57岁，他传奇的一生结束了。人们曾这样评价他："他是寿光最早一批的民营企业家之一。在资源相对匮乏的年代，杨芝兰能用产销结合的模式去破局，短期内完成整条产业链的建设，不仅带动了连锁产业的发展，也短期内开创了羊角沟盐业辉煌的新局面，这对整个盐业发展与变革来说，他是做出巨大贡献的！"这是人们对杨芝兰的肯定。杨芝兰掌控羊角沟盐业的30年，也被老羊口人称为"羊角沟盐业发展史上的转

---

① 于明效、郑群：《杨芝兰：他承载着那30年羊角沟盐业的巨变》，大众网寿光 2019-06-24 17:35（https://mp.weixin.qq.com/s?__biz=MzIzMjYyMTg2Mg==&mid=2247489895&idx=1&sn=639ecec1352586962fa2eddc29700504&chksm=e8934b2edfe4c2386c6659d5efdaf0258080489ddd62973b666cee6eb6c0dc4a6b730292c42e&scene=27）

盐　　商

折点"。①

为悼念家族先辈们的艰辛，传承先辈精神，杨芝荣的孙子、寿光子曰诗社社长杨奎伦特作诗一首，以寄哀思。

悼先祖

落魄碱荒觅无路，南柯游梦沾财气。
厉鞭激就商贾儿，残指凛惊厌学弟。
航浚卧波多善举，沉冤讼案匡正义。
国沦陡显亮节高，家破倾私捐斗士。
九域怒潮檄文飘，一颗贼首不曾顾。
追思先祖感慨多，万贯霸魂铮骨祭！

有人称杨芝兰为盐霸，因为在一段时期内，山东乃至全国的盐价都会随他的手起手落而跌宕起伏。有人说他是盐商，因为他的确完成食盐的整条产业链的建设，并且让"羊口盐"的牌子在全国叫响。更有人称他为盐枭，因为他用武林气度和模式成就了他的鼎盛，也成就了那个时代羊口的盐业……但我们理性分析，不可否认的是，无论怎么说，杨芝兰以他个人的努力、高尚的品格以及那个时代的机遇，使得"羊口盐"闻名全国的同时，

---

① 于明效、郑群：《杨芝兰：他承载着那30年羊角沟盐业的巨变》，大众网寿光 2019-06-24 17:35（https://mp.weixin.qq.com/s?__biz=MzIzMjYyMTg2Mg==&mid=2247489895&idx=1&sn=639ecec1352586962fa2eddc29700504&chksm=e8934b2edfe4c2386c6659d5efdaf0258080489ddd62973b666cee6eb6c0dc4a6b730292c42e&scene=27）

也成就了其光辉伟业,他在山东、羊口盐业及整个相关产业链发展史上,都留下了浓墨重彩的一笔。

八、贵州盐商

在中国盐业和盐文化史上,贵州的地位似乎显得不那么突出,但由于该地区盐资源不足,主要是依靠川盐等外来盐,所以盐运就显得特别重要。与此相一致的是,从事运盐等方面的盐商在行盐、保障食盐供应方面的作用就很明显。

(一)概况

作为重要的和特殊的社会群体,贵州盐商大致经历了清前中期和后期两个大的阶段。通过分析可以发现,贵州盐商的分布,呈现出以地域为中心的立体分布态势格局,这是地域经济发展、地理方位、交通情况等多要素共同作用的产物。[1]以张淳家族为代表的贵州盐商,对政府有着很强的依附性,无论是其发家,还是盛衰,都与官府的盐策密切相关。同时,贵州盐商也特别注意政商关系的处理,他们深知,和谐的政商关系才是他们兴盛的关键要素。

---

[1] 王方君:《清代贵州盐商研究》,贵阳:贵州大学硕士论文,2022年,第1页。

盐　　商

就盐商这一群体本身而言，贵州盐商的崇儒特征也非常明显，在依靠盐业发家之后，扶持后代走上入仕之路是他们的普遍选择。并且，他们对当地的文化教育与地方公益事业做出了明显贡献，如修建会馆（如四川会馆、秦晋会馆）、书院、学堂，修路造桥、救灾济荒等。这一方面显示了贵州盐商的社会担当和情怀，也是这一时代商人们在努力提升自己政治和社会地位的缩影。

（二）代表

1. 张淳家族

张淳和华联辉是清代贵州盐商的两大代表，张氏与华氏皆因战乱迁入贵州，并定居下来，依靠盐业发家，子孙繁盛，在成就贵州盐业的同时，也对贵州的经济文化产生了极大影响。

而张淳迁入贵州，居住在仁怀厅（今赤水市复兴场）。这里是川盐入黔的仁岸重要转运点。在一定意义上说，正是得益于这便利的地理位置和当时的朝廷政策（时任贵州总督的张广泗建议朝廷开通赤水河，并把张淳所在茅台村作为盐运汇集点），张淳做起了盐业并寻找积累起资金。《赤水百科选编》明确记载，他"在茅台村（今仁怀市茅台镇）设置运盐总站，猿猴（今元厚）、二郎滩设转运点，发展仁岸盐运事业"[①]。

[①] 清代贵州中共赤水市委办公室，赤水市人民政府办公室编，赵良辉主编：《赤水百科选编》，出版年代不详，第155页。

第二章 不同盐区的盐商

从张淳依靠盐业发家的历程不难看出,清朝政府与贵州盐商的政商关系是政府需要盐商将盐运到贵州,解决贵州吃盐难的问题,以稳定贵州本来就不好的社会环境;而盐商则通过与官府的合作,发家致富。这样,于国于家都是双赢。张氏家族的盐业兴盛于清代乾、嘉、道、咸四朝。

值得一提的是,张淳虽以盐运起家,但非常重视后代的教育,他在依靠盐业发家之前,就不慕浮华,并已经开始学习儒业,如当地地方志所言,其"性质重,无浮华习气,居家以孝友"[1]。除了注重自身的学习和修炼,他对子孙的教育更不敢有丝毫的懈怠,聘请老师教子读书,尽量扶持后代走上仕途。

长子张必琳,不仅性情宽和,还科举入仕,获得了功名,这对家族盐业的发展起到了重要作用,"补博士弟子,操盐荚出入,洞悉利弊"[2]。后来,其后人被举为盐运史和盐知事,还有不少成就功名的,这与其家业兴盐是有绝对关系的,而后代们的功名又反过来助力盐业大家族的兴盛(见图2.6)。

张淳家族的明显特征是"由商入仕"。张淳凭借"盐策"发家,而后代则更倾向于读书致仕,充分反映了盐商这一特殊群体的追求:对自己商人地位不满足、渴望提升政治社会地位。正如王方君在硕士论文中谈到的,"这个家族经历了'农民—商

---

[1] 〔清〕陈熙晋纂修:(道光)《怀仁直隶厅志》卷之十二,清道光二十一年(1841)刻本。

[2] 〔清〕陈熙晋纂修:(道光)《怀仁直隶厅志》卷之十二,清道光二十一年(1841)刻本。

盐　　商

图2.6　张淳家族谱系图（部分）

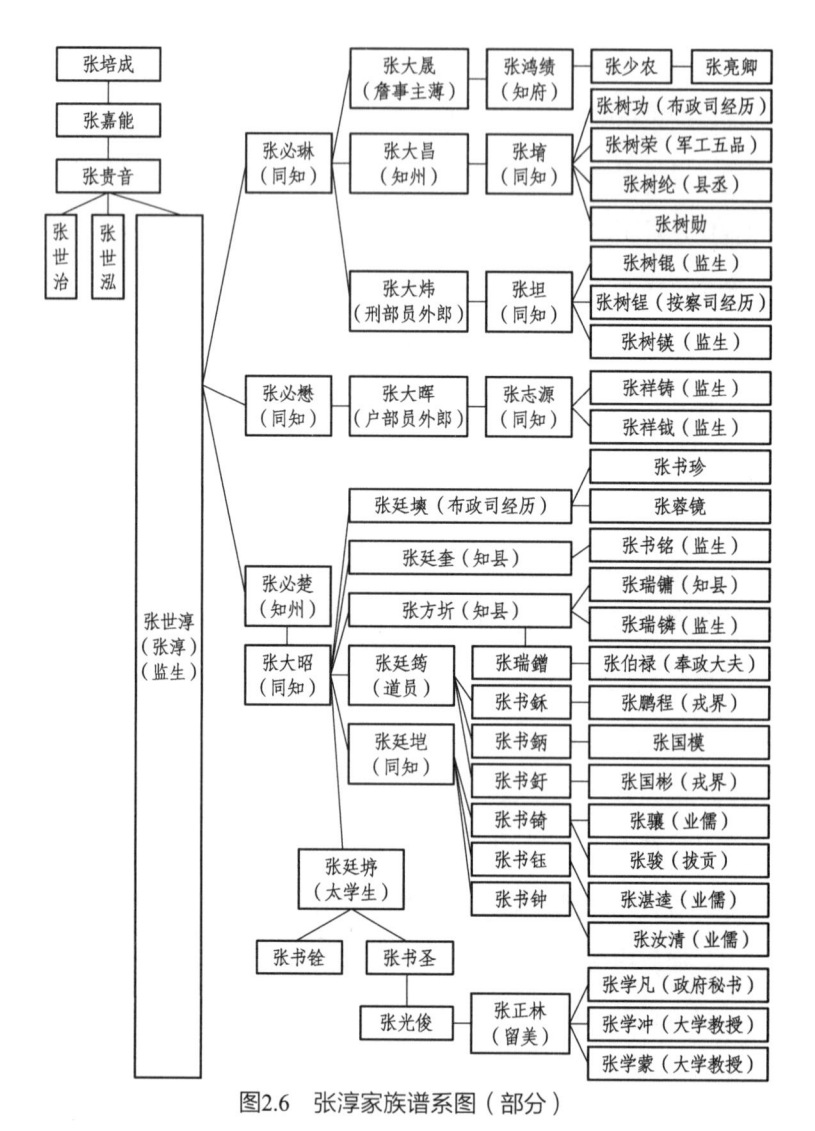

（资料来源：参见龙先绪：《以盐运起家的仁怀张氏家族》，仁怀市历史文化研究会：《赤水河流域　历史文化研究论文集（一）》，四川大学出版社，2018年，第161页；王方君：《清代贵州盐商研究》，贵州大学硕士论文，2022年，第57-58页）

第二章　不同盐区的盐商

人—仕人'的发展模式,这个模式是当时特定时代产物,折射了古代商人的政治生态。"[1]但张氏家族无论是男性还是女性(地方志中记载张氏家族的多名获得官府的表旌),都尊崇祖训,努力耕读,且几代人读书致仕,繁衍家族,实在值得大书特书。

2. 华联辉家族

华联辉家族是贵州又一显赫的盐商家族。"仕商并显"是华联辉家族的显著特征。[2]该家族中,华联辉帮助丁宝桢改革盐政,使得贵州食盐引岸恢复生机;弟弟华国英从政,关心百姓疾苦;次子华之鸿则"以商入仕",成为清末民初贵州政坛上的重要人物。

华联辉(1833—1885),字柽坞,遵义人,"系本临川华氏,世为江右望族"[3]。其八世祖大约在清康熙末年来贵州,后在遵义团溪定居,曾行医,但该家族审时度势,认识到从事盐业更容易发家,故很快以此为业,传至华联辉这一代时,依靠行盐已经使得家道殷实。华联辉不仅经营盐业还参加科考,为光绪乙亥(1875)恩科举人。

而此时的大清已进入衰败期,政治腐败、农民起义不断,贵

---

[1] 王方君:《清代贵州盐商研究》,贵阳:贵州大学硕士论文,2022年,第52页。

[2] 王方君:《清代贵州盐商研究》,贵阳:贵州大学硕士论文,2022年,第59页。

[3] 赵尔巽等撰:《清史稿·列传》卷五百八《列女一》,北京:中华书局,1977年,第14020页。

盐　　商

州更是爆发了"规模最大、时间最长的各族人民起义",贵州本就"食盐紧张",此时更是雪上加霜。私盐浸灌极为严重,还使得本就饱受"盐贵淡食"之苦的贵州百姓更难获得需要的食盐,同时也非常不利于盐税的收取,盐务陷入混乱之中。此种境况下,于光绪二年（1876）出任四川总督、总理盐务的丁宝桢,与熟悉黔省事务的唐炯商议贵州盐事,唐炯向丁宝桢举荐华联辉筹办盐务,"自古有治人然后有治法。遵义华某者,其于盐务利害至精熟也。今公欲扫孔桑之豪析,规刘晏之常平,将非其人不可"[1]。

面对当时盐法已坏、私枭横行等状况,华联辉积极建言,并促成了盐运改革。可以说,丁宝桢改革盐法的成效,在很大程度上归功于华联辉。他还身体力行,如他亲自与各岸的盐商、商号协商,力陈利弊。他任泸州官运总局总办以来,不到一个月,就使得课税大大提升。丁宝桢在《保举华联辉片》中强调:"川省盐务之振兴,实华联辉之力为最也。"[2]他保举华联辉为知府留四川补用,但华联辉辞不受职,在泸州官运总局工作多年,也不要薪俸。他去世时西南官商"莫不嗟叹"。华氏家族也自华联辉改革盐运开始,逐渐成为贵州首屈一指的大家族。[3]

---

[1] 贵州省博物馆编:《贵州省墓志选集·清华联辉墓志铭》,1986年,第125页。

[2] 〔清〕丁宝桢:《丁文诚公奏稿》卷二十二《保举华联辉片》,清光绪十九年（1839）刻,光绪二十五年（1845）补刻。

[3] 王方君:《清代贵州盐商研究》,贵阳:贵州大学硕士论文,2022年,第62页。

第二章　不同盐区的盐商

当时，仁岸盐商四家，分别是协兴隆、义盛隆、永裕隆、永发祥四家。后两家都为华联辉开设，前两家于1915年歇业，而华联辉的永裕隆盐号（永发祥后来合并进去）取得仁岸专卖权，一直持续到1941年才歇业。我们大家都熟知的川盐由赤水河官运至贵州茅台村后，在这里交予盐商，由盐商销往各地，这就是华联辉建议丁宝桢进行盐政改革的"官运商销"。华联辉的永隆裕盐号在茅台、团溪、遵义等多地都设置批发和零售站点。华家凭借这一盐号成为贵阳首富。除经营盐号外，华联辉在茅台创办成裕烧房（后改名为"成义烧房"），生产茅台酒，这也助长了家族企业的兴旺。

华联辉两个儿子，虽然长子早逝，但次子华之鸿（1871—1934，字延厘，一字延宜）聪明好学，又颇识时务，永裕隆盐号在其经营下继续发展，以至于民间有"华家银子"之说。除经营盐业外，华之鸿还"是华家进入官场时间最长、任职最多、职务最高的一个人"[1]。因有官家为其后盾，华家成为贵州首屈一指的巨富。光绪二十二年（1896），华之鸿以附贡生出任仁怀厅儒学训导，这是他"入仕"的开端。光绪三十三年（1907），华之鸿被推举为贵州商会会长；两年后还与唐尔镛等人发起组织宪政预备会，华之鸿出任大汉贵州军政府财政部副部长，兼官钱局总

---

[1] 何长凤：《华之鸿事迹述实》，范同寿主编，《辛亥革命与贵州社会变迁》文集编委会编：《辛亥革命与贵州社会变迁·贵州省纪念辛亥革命九十周年学术研讨会文集》，贵阳：贵州人民出版社，2002年，第346-347页。

盐　　商

办。华之鸿亦官亦商，既成就了华氏家族，也为那个时代的改革贡献了一分力量。

华联辉家族中，还有个值得留意的人物，那就是华国英，他是华之鸿的叔父、华联辉的三弟，也是华家两代人中唯一脱离商业，全心为官的代表。华国英于同治丁卯年（1867）考中举人，居家时与其兄共同经营盐业，后来长期任四川官盐局总办。他身为地方官，关心百姓疾苦。同时不忘回报桑梓。光绪二十六年（1900）遵义大饥，华国英等筹款平粜。华氏两代人为官为商，深得百姓好评，后人华问渠、华树人、华效先等也都继承先祖之风，遵循儒家观念，博施济众，真乃儒商世家。[1]

---

[1] 王方君：《清代贵州盐商研究》，贵阳：贵州大学硕士论文，2022年，第65页。

第三章 盐商组织与管理

盐　　商

盐商作为一个特殊群体，其组织也比其他类别的商人群体更加规范，如"商纲""盐商公所""芦纲公所"等。并且，各盐商组织均有自己的组织管理模式，在总体强调儒家伦理的同时，不同地区的盐商侧重又有所不同，如徽州盐商特别看重血缘纽带和家族力量，而河东盐商则对地缘关系更为看重。同时，官府对盐商组织的管理以及它与官府的关系也呈现出与其他组织不同的特点。

一、盐商组织

在传统社会的不同历史时期中，盐商的组织形式多种多样，但官府的、正式的盐商组织基本是在唐宋以后，尤其是明清时期，不同盐区已经设立了称谓不一的盐商组织。整体来说，各地盐商组织也大都具有自己的行为规范和组织管理模式，并表现为不同的特征。

（一）盐商组织概况

清代，在全国各盐区设立称谓不一的盐商组织。如山东的"商纲"、两淮地区的"盐商公所"等。

第三章　盐商组织与管理

1. 山东：商纲

清代山东地区的盐业管理是通过办盐商人成立的盐商组织，即"商纲"，来具体管理盐务。商纲的主事者，被称为"纲头"或"纲首"，也就是一纲商人的领袖或者说总管。一般由富裕大盐商来充任。这些"纲首"负责"领引告运"和课税的"承管催追"。[①]

清代山东的盐商有引商、票商之别。但两者无本质差别，不同主要在于人员组成和管理。人员组成方面很容易理解，而管理方面的主要不同在于，清初引商设纲，而票商是不设纲的；但雍正六年（1728）以后，票商的管理也与引商趋于一致。

（1）清代山东的引商与商纲

从人员构成上来看，清代山东的引商，"半系客籍，皆有引窝"。据《清史稿·食货四·盐法》称："引商有专卖域，谓之引地。当始认时费不赀，故承为世业，谓之引窝。"嘉庆《山东盐法志》对山东引商的组成、特点、职能等都有所介绍，载有山东引商"招自远方，世代相传。从前凡数百家，虞其势涣，爰立纲而分属之。认退引，业输课，办公纲，举一人董司其事，谓之纲首，相沿已久"等内容。[②]

[①] 纪丽真：《清代山东盐业的管理体系及其盐商组织》，《盐业史研究》，2009年第2期，第14页。

[②] 纪丽真：《清代山东盐业的管理体系及其盐商组织》，《盐业史研究》，2009年第2期，第15页。

盐　　商

　　清代山东引商的商纲数目，前后略有差别，清代前期为14纲，后为15纲，最后为12纲。据雍正《山东盐法志》卷七《商纲》所载："计纲一十有四"，即晋泽纲、同仁纲、祥仁纲、晋兴纲、永公纲、集义纲、永昌纲、洪戬纲、洪晋纲、祥顺纲、永兴纲、京浙纲、通裕纲、泰来纲。各纲名下的盐商数目不同，有多有少，例如，晋泽纲有盐商22名、祥仁纲27名、集义纲37名、同仁纲43名、晋兴纲23名、永公纲25名、洪戬纲39名、洪晋纲33名、永昌纲12名、祥顺纲16名、通裕纲28名、京浙纲22名、泰来纲36名、永兴纲22名、共包括商人385名。[①]这表明，雍正六年以前的商纲数目是14个，后又增加到15个。

　　另据《清盐法志》，雍正十年（1732），"定引票最少以八百道为率，非有八百引票，不许自立引名。其百道以外不及八百道之商，必与群商意气投洽，合成八百道公立一名，以引多者为首，赴司办课。"[②]据此可知，山东商纲以800引为总商的最低认引标准，如果达不到这一数目的，一律裁掉。乾隆年间，山东商纲变为12纲。这12纲中，与前面的15纲只有3纲是不同的，这表明了商纲"世代相传"的特点。乾隆五十四年（1789）后，山东商纲裁为6纲。商纲的职能承办盐运，各纲头负责"领引纳课"等事宜，在盐商内部起到重要作用。鉴于此职位的极其

[①] 〔清〕莽鹄立等：雍正《山东盐法志》卷七，《商政·商目》，雍正二年（1724）刻本。

[②] 〔民国〕张茂炯等：《清盐法志》卷五十五，《山东六·运销门二》，民国9年盐务署铅字排印本。

重要性，山东引商在选择纲首时也是非常严肃和谨慎的，纲首是在富商中选择还是众商推选，不同时期不同的方案，都有一个重要原则，就是纲首既有能力处理盐商内部事务，还要完成税赋的交纳。

（2）清代山东的票商与商纲

与引商相比，票商要相对简单，这很可能是因为其行盐地域相对引地较少的缘故。清初，山东票商与引商的差别，首先，表现在人员组成上。山东票商一开始就是由当地商人来担任的，这与引商的"半数客籍"是很不一样的。其次，山东票商开始没有设立商纲，而由州县等地方衙门管理。后来，随着问题的出现，从雍正六年（1728）开始，票商也改为山东运盐使司管理。乾隆六年（1741），又规定："输谷给为世业，以后办理钱粮公务，与引商无异。随即设立6纲，曰：孝、友、睦、姻、任、恤。"①也就是说，1741年开始，山东票商也设立了商纲，至此，票商和引商的管理趋于一致。票商的商纲，清代基本固定为6个，名称也一直没有发生变化。商纲和纲头也是负责领引、纳课等公务以及盐商内部事务的处理。客观说来，山东的盐商的商纲组织，可以说，"在一定程度上控制了盐的产、运、销全过程，这是清代山东盐业经济的重要特点之一"②。

---

① 〔清〕崇福、宋湘等：嘉庆《山东盐法志》卷九，《转运上·设纲》，嘉庆十三年（1808）刻本。
② 纪丽真：《清代山东盐业的管理体系及其盐商组织》，《盐业史研究》，2009年第2期，第17页。

113

盐　　商

2. 两淮：盐商公所

清代，"盐商公所"是两淮地区的盐商组织。盐商公所中，有"总商"和"散商"之别，总商对盐务负有总责。总商的权力范围较大，纳课、捐输、报效等主要任务以外，还可以参与盐法盐策的制定。在具体行盐过程中，总商认领盐场之盐后，分给各散商销售。同时还负责缉拿走私之人。

3. 长芦：芦纲公所

芦纲公所，简言之，是长芦盐商（当然主要指的是民国前的盐商，即旧盐商）的组织，也就是长芦各引岸的专商、纲商的组织。

芦纲公所的权力很大，如在20世纪初期，面对官府计划在长芦取消颇受诟病的专商引岸制、评议长芦引岸开放这一关键性事宜，芦纲公所发动多方面力量，最终达到了自己利益最大化的目的。结果是，不仅开放商岸之计划被取消，就连原来名义上开放的61县引岸[①]亦回到盐商的手中。芦纲公所为此召集众商议定了收回开放各岸的办法和手续等，如收回开放各岸作为公产、由芦纲公所主办运销、61县引岸以后每年营业余利按引分配各商等。

[①] 1914年7月开放的74县引岸中，口北13县向食蒙盐，自开放自由贸易后，即由宣利公司禀请包办承运。参见《委员唐光霁等呈长芦盐运使调查口北盐务情形》（1921年4月29日，长芦盐务档案680-8-634）

并且，芦纲公所还向盐务署争取了缓交"报效"五年的权利。而在其他散商禀请加入芦纲自运自销时，盐务署则给予拒绝，并且做出这样的批示："须知六十一岸既归芦纲，则公家只认芦纲为正商，一切散商承办运务必恃正商认可，本署亦不能强为干涉。"①长芦稽核分所一针见血地指出了其实质："芦纲公所今承政府之命，所有六十一县引岸配运之权名义上操自全体长芦旧盐商"，芦纲公所"不外乎六十一县盐商之发盐总行"，"芦纲公所坐享厚利者，亦等于长利同春两号耳"。②政府的长芦引岸开放计划的失败，原因众多，既是盐务体制之问题，也是政府对盐税体制改革的决心不够所致，但更核心的，应该是芦纲公所这一盐商组织努力追求自身利益最大化的结果。从这一例子可以看出，盐商组织在当时政治经济生活中的影响实在不可小觑。

（二）盐商组织的管理特征

整体来说，各地盐商组织都是在中国伦理文化，尤其是家族文化和地缘文化的作用下，看重地缘或血缘方面的联系和纽带，利用中国传统的伦理关系来建立和增强彼此之间的凝聚力。但必须看到的是，不同地区的盐商对地缘或血缘关系的侧重又有

---

① 《盐务署饬》第1064号，1915年9月29日，长芦盐务档案680-7-1415。
② 《长芦稽核分所函询盐运使新商运盐及芦纲公运各事》，1915年12月6日，长芦盐务档案680-22-452。

盐　　商

所不同，或者说明显不同，如徽州盐商特别看重血缘纽带和家族力量，而河东盐商则对地缘关系更为看重。

王云曾对徽商有过这样的论述，"徽州盐商实行的是一种宗族治理模式，血缘关系是其纽带和基础"[①]。徽商同族成员常常或者说尽可能居住在一起，即使移居到城市或者其他地方，徽商也是各姓拥有一片自己的居住区域。在徽州人看来，离乡而弃祖宗祠堂或者坟墓于不顾的行为，是可耻的，遭人非议和鄙视的。"千年归故土"是其深厚的文化皈依。如果家族内部发生纠纷，也是到祠堂当着祖宗的灵位，依据祖宗家法由族人公议。徽商（商帮）用来经营的原始资本也主要是来自家族，人力资源也多来源于本族。并且，这样的理念已经渗透到徽商的血液中，他们同气连枝，在商场上常常所向披靡。也正是由于家族的兜底，或者说家族给予的底气，徽商即使遇到困难和挑战，也不灰心丧气，而是屡败屡战，因此有人称其具有"徽骆驼"精神。

在盐业活动中，徽商同样看重和利用家族力量，血缘、亲缘在其中起到牢固的纽带作用。无论是凑钱买引，还是盐运盐销，抑或上交官府下通盐民，几乎都是整体利益行为。徽州盐商利用较完善的族规家法、传统习俗来约束同宗族，来实现对其内部关系的有效治理。众所周知，即使是在外地，徽州盐商仍然非常重视宗法制度，即便是在经商所在地，也仍然保持着聚族居的

[①] 王云：《明清盐商行为管理研究》，南昌：江西财经大学博士论文，2015年，第89页。

习俗，也仍然十分重视宗祠的建设，祭祖仪式也从来都是头等大事，也是徽商强化族人诚信、控制从商伙计的方式，这也能节省正式契约和规定的潜在成本。

与徽商特别看重血缘和宗族不同，河东盐商以地缘关系为基础建立自己的组织，他们的地域意识更强。"会讲闻喜话，便有黄马褂"，就是河东盐商组织模式的形象表达。明清时期，他们走向大江南北、关口以外，即使是在徽商占据绝对优势的两淮、两浙地区，也可以见到河东盐商的身影，感受到其浓浓的地域特色。在组织管理上，河东盐商不太重用本族人。如民国时期河东大盐商仝氏家族，其"仝家盐号，聘用仝氏族侄不少，仝氏一直唯才是举，但凡重要职位一律用外姓，仝姓人做副手。这往往收到事半功倍的效果"[1]。我们谈到河东盐商更重视地缘，这主要基于比较的视角。在中国深厚的伦理文化的影响下，河东盐商在首重地缘之基础上，也重视宗族和血缘，上面谈到的仝氏家族就是明显的例证。

除徽州盐商颇重血缘、河东盐商则以地缘为首考虑因素外，其他地区盐商也在中国伦理文化的影响下，以地缘或者血缘建立起联系纽带。如在井盐丰富的自贡，盐业大多是外地盐商经营，盐商中居多的是陕西商人（简称陕商），陕商最先在这里投资合建了西秦会馆。其他盐商也纷纷效尤，如四川籍商人的惠民

---

[1] 李竹林，薛学亮：《民国河东盐商巨擘——仝少宣》，《盐业史研究》，2006年第1期，第59页。

盐　　商

宫、贵州籍商人的霁云宫、广东籍商人的南华宫、福建籍商人的天后宫都是基于地缘和乡情修建的。总之，明清各地盐商虽有自己较为独特的组织管理规则和模式，但整体看来都有意无意地强化地缘或血缘的联系，利用传统的伦理关系来加强凝聚力和约束力。

特别值得提及的是，各地盐商大都信奉"以末致财，用本守之"的理念，致富后大都在家乡购置田产和房产。并且，他们常常使用报捐、联姻、结交、科举等方式，努力与统治阶层保持密切关系，尤其是晋商、徽商。

二、盐商与政府的关系

一般认为，盐商自唐代后期以来才成为一个特殊的群体，经过几个朝代的发展，到了明清发展到顶峰。明清时期，盐商和政府的关系也达到相互支持、合作的高度：盐商拥有经济权，政府拥有政治权，彼此间的利益纠合在一起，同流共生。但必须看到的是，即使到了明清，盐商和政府的关系中，更多是盐商对政府的依附。孙明在博士论文中明确指出，为获取特权，盐商不得不向专制政权妥协，盐商对政府具有依附性，"专制政权的有意扶持，很大程度上改变了商人的社会角色，由商业经营主体变为专制势力的附庸"[①]。

[①] 孙明：《清朝前期盐政与盐商》，长春：东北师范大学博士论文，2012年，第221页。

第三章　盐商组织与管理

（一）盐商与皇权

盐商从整体上看，对皇权是依附的。在中国传统社会中，和多数社会成员一样，在皇权面前它必须臣服，也不得不臣服。当然，它的臣服也换来皇权的保护和扶持。

1. 盐商对皇权的臣服与维护

在儒学伦理影响下的所有社会群体和个人，臣服皇权是分内之事，盐商当然也不例外，但盐商的臣服还有经济利益的考虑和需要。

盐商阶层从形成之初就与政治势力和国家政权密切相关。这种紧密的依附关系决定了盐商阶层的软弱性和妥协性。盐商们深刻认识到，与官府的联系对于维护他们的地位和利益至关重要，因此面对皇权势力时，他们通常只能选择顺从和臣服。这种对政治势力的依赖现象对盐商来说是现实和生存之道。他们深知，自己无法独立于政治势力存在，尤其是经济活动和财富积累都直接或者间接地依赖于政府，他们也非常清楚违抗政治势力或对抗皇权可能带来严重后果，甚至是毁灭性灾难。对包括盐商在内的所有商人群体而言，与政治势力保持良好的合作关系可以为他们提供稳定的经商环境和利益保障。在复杂多变的政治局势中，盐商们必须权衡利弊，一是努力避免与皇权势力发生冲突，二是依靠皇权稳固自身特权，来换取长久稳定的经济来源。

盐　　商

从历史发展的纵向来看，盐商形成初期，盐商与皇权、政府的关系中，盐商对皇权的臣服程度相对后面的朝代要弱一些，而盐商与政府的对抗程度相对强一些，越是往后的朝代，随着中央集权不断强化，盐商对皇权的臣服特征更加明显。如在唐宋时期，两者的斗争关系较为明显。《唐代盐政》中写道："封建政府与盐商的关系，是一种既合作又斗争的关系。当合作的成分多于斗争时，食盐专卖经营便得以较顺利地开展，当斗争的成分多于合作时，其经营便受到干扰和破坏。"[①]从这里看出，这一时期的官商关系中，盐商的抗争成分还是较为明显的。因为那时刚刚进行盐政改革，政府想要获取更多盐利，只能尽可能多地批发盐引吸引商人，这时盐商的主动权就相对较大。到了明清时期，盐商已经发展为特殊群体，盐商的利润也变得更加可观，在政治经济等因素的作用下，盐商几近完全臣服于皇权。

盐商的臣服，当然是出于自己利益的考虑。例如，盐商在行盐过程中，会受到各级盐政官员的盘剥，因为盐商的高额利润对盐官是一种刺激，这必然引发盐政官员对盐商的勒索。盐商不仅要交纳正课（应交的税赋），还要负担盐官"巧立"的规费，这是盐商的一大负担。[②]于是，盐商们纷纷寻求皇权的庇护，在皇权的关照下，即使那些挤压盐商的盐官，面对那些受到皇权眷

[①] 陈衍德、杨权：《唐代盐政》，西安：三秦出版社，1990年，第147页。

[②] 孙明：《清朝前期盐政与盐商》，长春：东北师范大学博士论文，2012年，第73页。

顾的盐商，也只能礼让三分。如乾隆时期的总商黄个园"上至盐政，下至众商，视君为动静"。盐商通过各种方式取悦皇帝，如报捐、进献高额寿礼等，以获得皇权的保护。盐商为维持与皇权的互利合作关系以及自身的经济利益，常常通过捐输报效等方式获取皇权的支持。如晋商王廷扬对大沽海神庙的捐资。[1]雍正三年（1725），长芦巡盐御史莽鹄立奏："臣看得王廷扬系长芦殷实良商，引名王克大，今闻臣钦奉谕旨修整大沽海神庙……情愿令捐修海庙银一万两，（捐修海庙）……"[2]

盐商对皇权的巴结，成为专制皇权的维护力量，不利于商品经济的发展，也毒化了社会风气。但同时需要看到的是，封建帝制下的盐商，在这方面也无从选择，因为必须依附于皇权和其他政治势力才能生存和发展，才能实现自己积累财富和提升社会地位的梦想和追求。

2. 皇权对盐商的保护与扶持

皇权对盐商的保护与扶持可以分为政治保护和经济扶持两个大的层面。

盐商对皇权的臣服和种种维护行为，得到了皇权的接受和认可。如《清史稿》所记："盐商时邀眷顾，或召对，或赐宴，

---

[1] 王特：《长芦盐运视野下的聚落与建筑研究》，武汉：华中科技大学硕士论文，2020年，第40页。

[2] 中国第一历史档案馆编：《雍正朝汉文朱批奏折汇编》，第5册，南京：江苏古籍出版社，1991年，第911页。

盐　　商

赏赉渥厚，拟于大僚……或有缓急，内府亦尝贷出数百万以资周转。"[1]简言之，鉴于盐商的良好表现，皇帝下令内务府借钱给盐商。必须承认的是，在中国传统社会中，经济权是皇权的依附。但由于盐税是政府的重要财源之一，所以盐政和盐课是皇帝及政府极为关心的。于是，在围绕盐务形成的皇帝、盐官、盐商三层利益关系中，为了盐税，皇帝往往会将盐商和盐官关系中保护的天平倾向盐商。例如，"两淮预提盐引案"就是案起盐商却彻查盐官的典型案例，时人都非常清楚，该案件是因盐商"将官帑视为己赀"引起的，但在后来的调查和惩罚时，乾隆要求对盐官"侵肥"等事彻查，结果涉案盐官高恒等均伏法，而盐商除交纳该交银两等必需的惩罚外，并未陷入牢狱之灾。

除了这样的政治保护，皇权还会从官职上提拔和擢升盐商，为其披上"政治"的外衣，使中国历史上红顶商人出现并大行其道。皇权给予的官衔多为虚衔，如盐商许光国因捐资赈灾，曾被两次赏赐顶戴，后被赐封为儒林郎；盐商汪应庚因雍正时捐资赈灾，被朝廷"授光禄少卿"等[2]。除此，"政治召见也是皇权给予盐商政治地位的一种方式，可以说它是政治赏赐的延续"[3]。清代受到召见的众多盐商中，以两淮总商江春被召次数

---

[1] 赵尔巽等编修：《清史稿》，北京：中华书局，1976年，第3613页。
[2] 《民国歙县志》卷九，《人物志·义行》，《中国地方志集成》，《安徽府县志辑》51，江苏古籍出版社，1998年，第363页。
[3] 孙明：《清朝前期盐政与盐商》，长春：东北师范大学博士论文，2012年，第94页。

为最多。他不仅得到皇帝的直接召见,还被邀请参加千叟宴,在古代社会那简直就是"旷世殊荣"。

同时,在经济上,皇权对盐商的"优恤"也是他们臣服和报效皇权要企及的东西。而专制皇权的经济"优恤"正迎合了盐商的心意,所以皇权给盐商的经济实惠主要体现在如下三个方面[①]:一是,对盐课(正税、杂税)实行缓(主要指延长盐商交盐课的限定时间)、免(豁免利银,如乾隆朝对盐商盐课及余利银豁免)、带(分期征缴盐课)的措施;二是,通过"加斤""增息""加耗"等方式,给盐商变相增加利润;三是,"帑币"给盐商作为周转资金,当然,"帑币"具有一定的剥削性质,但从初衷上来看,它确实具有支持盐商、稳定盐商经营的作用。

(二)盐商与盐官

盐商和盐官之间有着太多的纠葛。盐官是盐务的管理者,他们使盐商的活动有序、规范。从规范管理和利益关系上来讲,盐商不得不结交盐官,但他们也对盐官的多方"管制"或者不良盐官的盘剥恨之入骨。

[①] 孙明:《清朝前期盐政与盐商》,长春:东北师范大学博士论文,2012年,第95-110页。

盐　　商

1. 盐商结交盐官

盐商结交盐官的原因有二。一是由于沉重的盐务浮费（即正杂课银之外向盐政衙门交纳的额外费用）。这些费用一般以强制性的摊派形式呈现于盐商面前，是多个朝代，尤其是明清盐政的一项弊政。正如陶澍所言："盐务浮费与摊补二事，最为弊端。"①盐务浮费不仅项目繁多，如"办贡""办公""岸费""活支""月折"等，而且征收银两数目大。二是由于盐商贪利。为了自己的经济利益，盐商除了默认盐官的有名无名的摊派，还主动向盐官行贿或者给予好处。如盐商常常对盐官馈送银两，供应其日常开销之费。他们深知，拉拢盐官的花费，远远小于他们在盐官庇护下所得利润。获得好处的盐官常常对盐商的不法行为，诸如短斤、掺沙土等视而不见。

除了直接馈送，盐商还通过与盐官换帖联姻或者结成经济共同体等方式，与盐官交好。因为在中国帝制社会中，商人社会地位不高，所以他们常常交结逢迎官员，以期提高自己的社会地位。当然，"盐商尤其是一些大盐商与官员结成姻亲关系的主要原因，是利用这种关系保护他们的经济利益"②。盐商还有一个高明的办法就是和盐官合伙办盐，使盐官在分享利润的同时，

---

① 〔清〕陶澍：《陶澍集》，长沙：岳麓书社，1998年，第162页。
② 孙明：《清朝前期盐政与盐商》，长春：东北师范大学博士论文，2012年，第130页。

还可以保护其商业行为，即使他们的商业行为不一定都是合法合规的。

2. 盐官对盐商的管理

盐官对盐商的管理，除按照官府律令进行常规管理外，还依仗手中的权力对盐商进行"保护"。这样的"保护"主要体现在：准许盐商通过压低收价来获取巨额利润；有意无意地容许盐商捆载夹带，获取"无课"之利；无视盐商捏报淹销或者失船，以获"补运"之利。另外，对盐商的贩私或者窝囤抬价，盐官也常常姑息和容忍。窝囤就是引盐到岸后，盐商不急于销售，而是囤积起来等到食盐价格提高时再出售。更有甚者，盐官还打着恤商的旗号，奏请朝廷"当听其随地随时自为贵贱"，即允许盐商自行决定某地的盐价。这样的做法对老百姓是极大的不公平。除此，盐官有时还为盐商积欠引课找借口，造成盐商不能及时完欠，而这些积欠可能在皇帝的恩典中被取消，这对国家则是不利的。

盐商与盐官的互惠都为各自利益，而最终受苦的往往是底层百姓。韩愈在其《论变盐法事宜状》中提道："臣今通计所在百姓，贫多富少，除城郭外，有见钱籴盐者，十无二三。多用杂物及米谷博易。盐商利归于己，无物不取……今令州县人吏坐铺自粜，利不关己，罪则加身。"[1]盐商想尽一切办法"利归于

---

[1] 杨昭：《魏晋隋唐时期山东盐业研究》，济南：山东师范大学，2017年硕士论文，第74页。

盐　　商

己"，而盐官则因为"利不关己"不去榷盐。不论哪一方面，受苦的都是平民百姓。[1]这点，我们应该有清醒的认知。

（三）盐商的政商关系特征

整体来说，盐商的政商关系是比较稳定的，也是比较密切的。但在不同的历史时期又稍有差别。在中国古代社会，由于受到传统的重农抑商观念的影响，商人的地位比较低，尤其是在古代社会早期，工商被视作"末务"，工商事务常常被视为"细故"，属于"不理"之列。明清时期，随着民族资本主义的萌芽，商人的地位有所提升，儒贾开始出现合流。但商人和官府发生直接关系的机会还是比较少，但作为专商的盐商，与前面朝代相比，政商关系则密切了很多。

但不同地区的盐商，和官府的密切程度不同。两淮盐商和河东盐商与官府的关系更为密切，自贡盐商与官府的关系则相对疏远。造成这种现象的因素很多，但必须承认的是，两淮盐商和河东盐商行盐的技术含量比较低，他们获利最需要考虑的是要获取盐业资源的开采、运营权，而这些是紧紧掌握在官府手中的。自贡盐商所业之盐对技术的要求较高，所以他们首先考虑的是提

---

[1] 杨昭：《魏晋隋唐时期山东盐业研究》，济南：山东师范大学，2017年硕士论文，第74页。

升技术，在官府关系方面的经营和维护就相对较少。①这样的差异也造成了不同地区盐商与官府关系的不同。

明清时期，明清盐商政商关系表现出如下明显特征：

其一，从结交对象选择来看，以皇帝为首的当权者为主，兼顾知识精英。如前文所述，盐商的首选对象当然是皇帝。如乾隆南巡时，盐商均竭尽供应皇帝用度；再如，盐商也在国家危难之际施以援手，其中江春在乾隆三十八年（1773）捐献平金川军需白银400万两、乾隆五十三年（1788）捐镇压台湾林爽文起义军费银200万两、乾隆四十七年（1782）捐修黄河经费200万两，乾隆五十三年（1788）捐济水灾银100万两等②。同时，盐商通过兴办学校、教育后代等方式支持同族、同乡中的优秀知识分子入仕经商，尤其是入仕，以此拓展自己在政治圈中的关系。

其二，从政商关系模式来看，盐商基本是依附于官府的，也就是依附型的政商关系。这和西方工业革命以来的政商关系不一样。盐商这一特殊而重要的社会群体，在当时也只有依附于官府，才能求得自身的生存和发展。③因为在中国传统社会中，政府与民众之间缺乏对等的契约关系。为了维护这种不对等的关

---

① 王云：《明清盐商行为管理研究》，南昌：江西财经大学博士论文，2015年，第87页。

② 朱宗宙：《略论清代两淮盐商江春》，《盐业史研究》，1991年第3期，第28-36页。

③ 王云：《明清盐商行为管理研究》，南昌：江西财经大学博士论文，2015年，87-88页。

盐　　商

系，盐商只能通过捐输报效等方式，为自己争取尽可能好的发展空间。例如，扬州盐商就是通过"善行媚权势"寻求政治靠山，发家致富。纲盐制规定，只有列入纲册的盐商，才能成为世袭的专商。这些都促使扬州盐商要巴结官员，挤入专商行列。而从官府的角度分析，无论是政府以还是盐官，他们也要借助盐商，才能达到自己的目的，或者及时收到税款，或者个人中饱私囊。

还需要特别提及的是，明清盐商的政商关系中，越是到了后期，特别是晚清时期，商人依靠家世背景直接出任醓务官员似成常态，权力与资本勾肩搭背更加肆无忌惮。[1]王振忠利用歙县程桓生家族的文献资料，通过考察，发现清代前中期与后期相比，盐商向政治核心靠拢的方式有着重要的区别。前中期，盐商更多督促子弟经科举考试入仕，并通过各种方式与官员交好。而到了后期，特别是太平天国之后，盐商更多地直接出任醓务官员，这是政商关系的新特征。例如，盐商出身的程桓生曾两次出任两淮盐运使，担任盐务官员超过20年，"总西岸者四年，总鄂岸者十八年"[2]。当然，程氏的任官，离不开当时的权臣李鸿章、曾国藩等

---

[1] 王振忠：《从民间文献看晚清的两淮盐政史——以歙县程桓生家族文献为中心》，《安徽大学学报（哲学社会科学版）》，2016年第4期，106页。

[2] 程庆余：《先府君行述》（抄本）："丙寅江督合肥李文忠公（鸿章）、甲申江督湘乡曾忠襄公（国荃），两次檄署运使，皆破格奏荐，时论以为宜，称虽不得者无异词也。丁亥八月，自运使退休，侨居扬州，不复出。""丙寅"为同治五年（1866），"甲申"为光绪十年（1884），"丁亥"为光绪十三年（1887）。

人的庇护和支持。抄本《先府君行述》曾这样记载程桓生的戎马生涯："盖自辛亥而后,出入兵间者十二三年,数濒于危。""辛亥"即咸丰元年(1851),其间,程桓生与曾国藩过从甚密,是曾氏幕府中的重要成员。[①]这从双方的家族资料中都可以查到。官商勾结、资本和权力相互利用显而易见。

(四)政府对盐商的管理措施

在不同朝代,政府对盐商的管理有所区别,但主要手段和方式不外乎以下几个方面,如设置机构、行盐有途、严格掣验、恤商、处理盐商犯法等。这里以明清为例,阐释一下政府对盐商的具体管理措施。

1. 设置榷盐机构

盐课是赋税的重要来源之一,为了便于管理以及保证盐税,历代政府都设置了专门的机构进行管理。

明朝,盐务由户部主管。设置都转运盐使司,下辖都转运使、同知、副使、判官、经历、知事、库大使、副使等,可以说,上到主管部门户部,中到省道的巡盐御史,下到各场、所的

[①] 王振忠:《从民间文献看晚清的两淮盐政史——以歙县程桓生家族文献为中心》,《安徽大学学报(哲学社会科学版)》,2016年第4期,102页。

盐　　商

大使、副使，盐务管理，层层监督、严格控制。清承明制，盐务机构和官吏的设置和明代类似。清初，盐政属户部管理，"初盐政属户部山东司，宣统二年，乃命户部尚书兼任督办盐政大臣，外遣御史巡视。后裁归总督、巡抚管理，其专司曰都转运使司。无运司各省，或以盐法道盐粮道驿盐道茶盐道兼理"①。到了后来又有所变更，如顺治初年设置监察御史，顺治十年（1653）停设此官，盐务改为由运司管理，后又因为运司的权力有限，改为御史监察负责。康熙、雍正、乾隆年间又有所改动。

2. 行盐有途

在不同朝代，为了防范盐商贩运私盐以及偷运，政府对盐商的行盐线路大都有明确规定。但在丰厚利润的驱使下，不少盐商铤而走险，在各关口盘验严格的情况下，抄近道，走小路，以达到贩私、偷运的目的。这类情况并不少见。为了杜绝这种情况，官府设置了行盐路线，一旦发现不按规定路线行盐，即以贩私论处，盐没收，人也要受到杖责、流放，甚或处斩。两淮和两浙地区盐场众多、盐业发达，是盐税的主要来源地，政府对这些地区的盐商管理也非常重视，对盐商的行盐区域、路线规定严格。如《两浙盐法志》记载："产盐有地，运盐有程，有由场到所之程途，有由所到县之程途，凡商盐出场赴掣，其经由路径务

---

① 赵尔巽等撰：《清史稿·食货四》，北京：中华书局，1976年，第3604页。

第三章　盐商组织与管理

遵应行运道，不得舍远走近……"①行盐有途，的确有助于规范盐商的运销行为和政府税收。

3. 掣验严格

掣验，就是抽查核验，是古代对盐商贩盐的一种检查措施。明代大多数时间是季掣，即一年四掣，清代则采取了较为放松的政策，如乾隆年间改为夏冬两掣。掣验之法、掣验工具都必须符合朝廷的严格规定。盐商捆运、出场、到所、加斤、截验、单引入场、买补出场、出场到所均有严格要求。

4. 恤商护商

官府在管理、约束盐商的同时，也出台了一些恤商政策。因为官府深知，盐商在行盐过程中也是很辛苦的，如盐商收集粮草赴边，就会产生道途之费、劝借之费、卖窝之费等，并且军饷也多是依赖盐，很多盐商还在边关招纳流民垦荒，有助于增加耕地面积等。盐商在运盐售盐的过程中还要经过层层督查，有时还受到不法官吏的勒索和诬陷。所以，为了提高或者说不打击盐商的积极性、保证盐课的收入等，政府给予了盐商一些优惠政策。

---

① 〔清〕延丰等纂：《钦定重修两浙盐法志·疆域》，杭州：浙江古籍出版社，2012年，第55页。

盐　　商

这里仅举几个方面来说明。[1]一是遇到战事，国家财政吃紧之时，一般都会临时增加盐税。等到战事平定后，官府就会对商人进行一定的补偿。如《平定金川方略》记载，康熙十四年（1675），芦东每引增银五分，并要求两淮、两广、浙江、河东等省一体按引增税。次年平定叛乱之后，面对商力凋敝、额引难销的局面，户部覆准绍所暂减三分行销，俟江常等县恢复广信路通之日即照旧行。[2]通过这样的"赞减三分"等措施，对盐商给予一定的关照。二是盐商的捐输、报效，也收到一定的回报。乾隆五十五年（1790），两浙盐商何永和等为筹办乾隆皇帝八十大寿进银一百万两。当盛典结束时，为了奖励盐商，政府也给予了一些补偿性的奖赏，所有承办庆典之浙江商人亦宜一体加恩，用昭嘉奖，这将该商等本年应交柴塘生息银十二万两于五十六年（1791）为始，分作三年带完。[3]同时还恩赐职衔以及绸绢等，如赏赐三、四品职衔给何永和、洪箴远、王履泰等。三是政权交替之际给予优免。此时给予盐商一定的优惠政策，是为了提升盐商对新政权的接受度，但对盐商来说无疑是一件好事。

---

[1] 王红伟：《〈两浙盐法志〉所见盐商研究》，杭州：浙江工商大学硕士论文，2018年，28-29页。

[2] 〔清〕延丰等纂：《钦定重修两浙盐法志·优恤》，杭州：浙江古籍出版社，2012年，第499页。

[3] 〔清〕延丰等纂：《钦定重修两浙盐法志·疆域》，杭州：浙江古籍出版社，2012年，第514页。

第三章　盐商组织与管理

5. 处理盐商犯法[①]

作为政府重要财政来源之一，盐和盐税自然受到严格控制，但在高额利润的驱使下，仍有不少盐商铤而走险，违法营运。尤其是到了明清时期资本主义萌芽和商品经济发展的情况下，盐也越来越商品化。为了财税的征收和社会的安定，规范盐商律令也更加完善。如《大明律》记载："凡客商将官盐搀和沙土货卖者杖八十。"[②]《大清律》记载："民间额办茶盐商税诸色课程，年终不纳齐足者，计不足之数以十分为率，一分笞四十，每一分加一等罪，止杖八十。"[③]《两浙盐法志》也有引用《大清律》记载："凡将有引官盐不于拘定，应该行盐地面发卖转于别境，犯界货卖者，杖一百，知而买食者，杖六十，不知者不坐，其盐入官。"[④]

可见，古代社会中，政府对于违法的盐商轻则杖责、重则流放，甚至施以极刑。这既是保证国库收入，也是为了维护社会稳定。如果让那些心怀不轨之人利用盐业利润迅速致富，对于其他社会成员是不公平的，对社会安定也是不小的威胁。这是历史的经验教训，历史上不少起义的发起者是以盐业起家而有号召力

[①] 王红伟：《〈两浙盐法志〉所见盐商研究》，杭州：浙江工商大学硕士论文，2018年，28-29页，30页。

[②] 〔明〕刘维谦撰：《大明律》卷二，日本景明洪武刻本。

[③] 〔清〕徐本修，刘统勋等纂：《大清律例》卷四十《总类》，清乾隆三十三年（1768）武英殿刻本。

[④] 〔清〕延丰等纂：《钦定重修两浙盐法志疆域》，杭州：浙江古籍出版社，2012年，第364页。

的，如黄巢、王仙之、张士诚等。当然，我们需要同时看到的是，打击盐商犯法的条令可以减少行盐中的不公，特别是私盐贩卖，但在执行过程中也存在这样的丑恶现象：那些心术不正的巡私或者兵丁，趁机诬陷盐商或者索贿，这不仅对盐商造成了困扰，也影响了官府的形象和盐税的收入。

三、商籍（盐籍）

商籍设立于明朝，延续到清朝中期，主要是针对盐商等群体设立的。

明代士子参加科举考试，从童子试时开始需要"籍"，当时的"籍"有很多种类，如儒籍、官籍、军籍、民籍、医籍、匠籍等。各籍的士子只能在本地应考。此外，为了那些方便在外经商家族的士子们的考试，政府还在较大城市设有富户籍、盐籍，一般通称为"商籍"。出身商籍的士子可以有资格在父、兄经商或业盐的地方参加考试。清朝沿袭明朝，于顺治十一年（1654），将商籍列为四大户籍之一。灶籍则是专为制盐的灶户所设，其主体是制盐工人，灶首则属于广义上的盐商。[①]乾隆年间的《天津县志》记述了长芦商、灶两籍的来历和

[①] 广义上的盐商和传统盐商的区别是，传统盐商主要是依靠商业资本进行经营，而灶首则运用产业资本进行经营。类似于资本主义发展过程中的商业资本和工业资本的运作。

第三章　盐商组织与管理

如何参加科举考试：

　　商灶两籍，原以商人久课他乡，籍不隶于有司，而灶户办课急公，尤需优恤，特另编商灶籍，俾商灶子弟得与考试，盖作养人才之意也。但查各省，惟河东设立运学，而他处未设。明万历二十年，长芦御史黄卷据运司俞嘉言详议题请，长芦与河东一体另设运学，业经覆准，已选教职二员。随后中止，遂改学署为观，今沧州永保观，其遗迹也。长芦商灶童生，科、岁二考经运司考取，汇送学臣，入河间考试，取拨河间府庠（改府以后，拨归天津府学），查长芦盐院所辖长芦、山东两运司，学政长芦商灶每试入学文生，天津府学就近管辖督率，其现在河间府学商灶二籍生员，悉行改归商学，其廪、增缺各该二十名。商灶子弟膏火有资，应照旧例，毋容给予，廪饩仍照县学之例，二年一贡，以示鼓舞。①

　　这样的运作一直延续到清代中叶。以商籍、灶籍身份应试，进学率明显比民籍的进学率要高，且高出很多。于是，社会中就出现了这样的现象，尽管社会上传统的重农抑商思想严重，或者说一直存有"讳商"传统，但许多士子仍然为了"中举"，以冒籍的形式参考考试。鉴于此，为杜绝商籍科考的种种弊端，

---

① 〔清〕张志奇、朱奎扬总裁，吴廷华、汪沆修：《（乾隆）天津县志》，卷八《学校志》，清乾隆四年（1739）刻本。

盐　　商

乾隆政府逐步裁撤商籍。到了乾隆四十四年（1779），清裁撤商、灶两籍，尽归民籍。

正如吕小琴所言，明清商籍的设立，原本是为了方便远在他乡的盐商子弟参加科举应试，确保他们的科举权利。但由于商籍与盐业的密切关系，商籍在实际层面上赋予了盐商子弟在科考方面的特权。所以，其设立在方便考试和科举公平的同时，实在具有"政治交易"的色彩。[①]对此，学者许敏也有类似的论述："商籍"确实带有明显的特权印记。"商籍"出现伊始，就是明朝给少数大盐商的一种恩典——在盐业发达的两淮、两浙大盐商聚集区实施。[②]

当然，我们也要看到的是，商籍的设立对当地的文化事业等方面也确实起到了促动作用。受益的盐商们也更积极地捐资助学、兴修书院。明清两浙商籍制度在江浙教育兴盛、商人地位提高、商业文化之发展等方面发挥了重要的作用。

[①] 吕小琴：《论明清盐商子弟科举考试中的商籍管理》，《考试研究》，2013年第3期，第86页。

[②] 许敏：《试论清代前期铺商户籍问题——兼论清代"商籍"》，《中国史研究》，2000年第3期，第148-150页。

第四章 盐商的社会功用及影响

盐　　商

作为社会群体的重要组成部分，盐商的社会功用实在值得泼墨，除了人们较为熟悉的税赋缴纳，盐商在政治经济、建筑、文化艺术、教育和精神风气等方面都有很大影响。

一、政治经济方面

盐商的社会功用和影响，首先表现在经济政治方面。如在经济方面，作为商人，他们所缴盐税是国家财税的重要组成部分；他们的捐输、报效及在特殊时期的贡献在解决很多重大社会问题时也都是不可或缺的。

（一）盐税是政府财税的重要来源

盐是人们的生活必需品，需求量巨大，为各朝代所重视。盐税也是政府极为重要的赋税来源，盐课是历朝历代政府收入的重要组成部分。

（二）捐输、报效

除了正常的盐课，盐商的捐输、报效也是经常性行为。通常情况下，他们会以资助军需、河工、救灾等名义，或者在皇帝巡幸和各种庆典时慷慨捐赠大量银两。据统计，自乾隆三年（1738）至道光十二年（1832）间两淮盐商报效数目更是高达到36 370 968两，每年约39万两。①乾隆时期盐商输纳费用占其口岸销售收入的42.47%。②乾隆二十五年（1760），为崇庆皇太后七旬万寿修理乐善园之用，两淮盐商黄源德等恭进银10万两。③乾隆五十五年（1790），为筹办乾隆皇帝八旬万寿盛典，两淮盐商恭进银200万两。④这些还仅仅是捐银的一部分，足以见得盐商报效数额之大。盐商还会根据皇室的喜爱去采买各种贡品，以博得皇室的喜爱。

　　万寿节在清朝是与元旦、冬至并列重要的清宫三大节。每逢皇帝和皇后寿辰到来的时候都会举行盛大的活动庆典，在一些特殊的年份，庆典会更加隆重。其中江南盐商是清代帝后万寿庆典的重要参与者。每每这样的时刻，他们就进行报效，方式主要通过捐赠银两、进献贡品、打理布置景点等。

---

① 单渠：《两淮盐法志》，嘉庆十一年（1806）刻本。
② 汪道昆：《太函集》卷四十三，明万历刻本，第471页。
③ 中国第一历史档案馆．奏案04-01-35-0459-004：乾隆二十五年九月十六日两淮盐政高恒奏报两淮商人捐输银两请解交圆明园工程处查收事。
④ 中国第一历史档案馆．奏案04-01-14-0046-078：乾隆五十五年五月十五日两淮盐政全德奏为欣逢皇上八旬圣寿两淮各商呈请恭进银两代奏请赏收事。此次所奏是第二次奏请，在此之前两淮已经有此奏请，但乾隆皇帝未允。为此，两淮再次奏请，乾隆皇帝方予赏收。

盐　　商

特别是国家面临乱局等特殊情况时，盐商的报效成为常态。沈葆桢曾言："淮南额课甲于天下，乾隆年间，两淮每年解部正款，极一时之盛。每遇大政，如扫荡伊犁，平定金川，淮商捐输饷银自一百万两至三四百万两不等。天语褒嘉，载在典册。"①久而久之，在国家财政出现困难时，盐商进行捐输、报效成为应对紧急情况的重要措施之一。盐商的此类行为，除了忠于皇权，现实的目的就是使自己处于皇权视角下，维持和争取特权。

（三）国家特殊时期的贡献

盐商在财政方面的贡献，不仅限于盐税，还表现在特殊时期，例如战争时期，盐商可以为战争提供多方面的帮助、支持，如四川的自贡盐商在抗日战争期间就作出了杰出的贡献。

在抗战期间，自贡盐业迎来了第二次大发展的"黄金时代"。自贡盐场以其大量的盐产量、巨额的盐税收入和踊跃的捐助活动，在保障战争期间的军需和民食方面都起到了极为关键作用。也正是由于自贡盐场的巨大贡献，使其在全国声名大振。抗日战争全面爆发后，四川和自贡地区成为国民党统治下重要的后方地区。这里建立了高度集中和集权的战时经济体制，目的是在

---

① 〔清〕盛康辑：《皇朝经世文编续编》卷52，《户政》24"盐课三"，沈葆桢：《遵议安置川商整顿淮纲疏》，沈云龙主编：《近代中国史料丛刊》，台湾文海出版社，1972年，第5853页。

第四章 盐商的社会功用及影响

通过行政和法律手段整合和调动一切经济力量，为抗战提供坚实支持。在此期间，此地区的生产事业将以给前方的物质补给为第一任务。自贡的盐业便在此中。1938年3月，国民政府明确提出川盐增产的要求，并设立增加15万吨的目标。为了保障这一目标的达成，政府进一步详细制定了促进盐业发展的举措。通过这些举措，川盐增产的同时也使四川盐业成为战时经济体制的重要组成部分。

在整个抗战期间，全川上下的抗日情绪与生产积极性同步高涨。人们积极投入盐业生产中，开凿新的盐井，增加锅灶设备，并不断改进生产技术，提高盐的加工效率。这些努力带来了显著的成效，盐的产量、运输量和销售量都出现了大幅增长。这些成就不仅确保了前线部队的军需供应，还保障了后方民众的食品供应。

也正因为如此，日军曾多次向自贡盐场发动空袭。"仅1939年10月10日至1941年8月19日，日军就先后七次出动11批飞机，共474架次，对自贡盐场进行狂轰烂炸，……炸死522人，炸伤炸残1260人……50多处井、灶、笕被炸毁。"[1]但盐场的生产始终未曾间断。盐工们不畏艰险，一次次抢修被破坏的井灶设施，使生产能够持续进行。

自贡盐业在抗战的重要作用，不仅仅表现在为前线提供军

---

[1] 宋良曦：《自贡盐业在抗战经济中的作用和贡献》，《盐业史研究》，1995年第3期，第7-8页。

盐　　商

需供给，还表现在为国家财政提供大量税款和积极筹集抗战资金上。抗战爆发后，沿海地区相继沦陷，国家财政收入的两大支柱——关税和盐税急剧减少，这给国民政府带来压力。并且在抗战的相持阶段，国统区陷入了严重的通货膨胀现象，为了解决燃眉之急，国民政府采取了一系列紧急措施。其中，强化盐税征收就成为战时财政金融政策中的重要一环。在整个抗日战争期间，自贡盐业所征的盐税总计达209 665.8万元，为提供前线军费开支，为发展大后方经济，提供了巨额的资金，仅以1944年为例，当年全国几十种主要商品的全年专卖利税总额为209亿元，而自贡盐场的盐专卖则占到其中的四分之一。[1]这足以说明自贡盐业在抗战期间的财税贡献。

综上所述，自贡盐商在抗日战争期间积极投入生产，提高盐产量，为战争物资供应提供了重要保障。同时，盐商大力支持军事建设，通过捐款和捐赠军需物资，为抗日军队提供了重要的后勤保障。除了经济方面的支持，自贡盐商还展现出了较高的社会责任感和较强烈的民族精神。他们积极组织抗敌宣传和爱国教育活动，动员广大群众共同抵御侵略者。在战时难民救助方面，盐商们也表现出了极强的人道主义关怀，这些都充分体现了盐商阶层的社会责任感和爱国、爱乡情怀，彰显了该群体的力量和社会影响力，为整个社会树立了榜样。

---

[1] 宋良曦：《自贡盐业在抗战经济中的作用和贡献》，《盐业史研究》，1995年第3期，第10页。

二、建筑

在建筑方面，盐商毫不吝啬地投入巨额资金，或者修建精致考究的私人住宅，或者精心打造美丽的别墅和园林，为后人留下了大量精美的建筑文化。尤其是拥有大量财富，且以挥金如土、生活奢华著称的扬州盐商，其建筑文化非常丰富。这些盐商建筑是扬州盐商文化的物化体现，包括各类住宅、园林和会馆等。

（一）住宅和园林

在丰厚财富的支撑下，盐商打造了不少宅院，不管是豪华还是低调，都包含很深的文化意蕴。并且，盐商建造的住宅具有鲜明的自身特色，它们布局精妙，往往与园林完美融合，为居住者创造了宜人的居住环境。一般是以院落为基本单元的组群布局，采用三间两厢、六间两厢、六间四厢以及明三暗四的布局，形成了规模宏大的建筑组群。盐商住宅以青砖黛瓦的高墙大屋和精美雕饰为特色，并且有很多的叠石艺术。

扬州盐商的住宅和园林以其精雕细琢的设计和高超的工艺而闻名，如个园、汪氏小苑（见图4.1—图4.3）。这些建筑体现了盐商们对美感的追求和对艺术的热爱，同时也体现了他们对高品质生活的追求。府邸气势恢宏，内部布局精心，展现了盐商

盐　　商

阶层奢华的生活方式；园林则以独特的景观布局和精致的园林元素，营造出宜人的环境，成为人们休憩娱乐的胜地。

图4.1　个园

图4.2　汪氏小苑内景　　图4.3　汪氏小苑的"小苑春深"

第四章 盐商的社会功用及影响

还有些建筑是集祠庙和住宅于一体的，如盐宗庙（又名"曾公祠"）

直到今天，不少盐商建筑仍然保存下来。如蒋忠华所言，扬州"现存汪鲁门住宅、廖可亭住宅、周扶九住宅、诸青山住宅、许榕楫住宅、汉庐、邹育探住宅、徐宝山住宅、方尔咸住宅、刘敏斋住宅、卞宝弟住宅、赵海山赵氏庭院等70多处盐商住宅，散落在扬州城的四处"①。这些盐商住宅在规模和质量上远超一般民宅，堪称扬州古建筑的瑰宝，如现存最大的盐商古宅——卢氏古宅（见图4.4—图4.5）。

图4.4　卢氏古宅大门景　　图4.5　扬州盐商卢氏古宅庆云堂

---

① 蒋忠华：《扬州清代两淮盐商建筑遗存研究：盐商建筑遗存》，南昌：西北师范大学博士论文，2013年，第15页。

盐　　商

　　随着两淮盐商的繁荣，盐商在修建私人住宅之外，还在扬州兴建了大量的私人园林。园林建筑艺术上也更上一层楼。无论是市内的大街小巷还是郊外的风景胜地，无数盐商纷纷购得风光秀丽的地产，修筑精美的园亭。尤以虹桥和瘦西湖一带最为著名，这里星罗棋布着盐商们建造的园亭和别墅。洪氏的大虹园、江春的江园、黄氏的趣园、郑氏的桃花坞、吴氏的别墅、徐氏的水竹居等都荟萃于此。盐商对园亭的建造追求精益求精。他们不仅注重园林设计的独特性，还精心雕琢建筑工艺，使园林建筑更加完美。王履泰、尉济美等园林名家以及徐赞侯的水竹居、汪氏的南园等园林作品都以其精湛的设计和工艺而闻名。

　　特别值得提及的是，文人雅士们通过评述文学、书画等艺术形式，直接或间接地影响了园林建筑的发展。特别是画家兼叠石家石涛、余继之等大师还直接参与了园林假山的设计，将大自然的奇观融入其中。至今，扬州一些名园还留有他们的痕迹，如"片石山房""小盘谷""蔚圃"等。随着造园名家的不断涌现，南北匠师计成、仇好石、戈裕良等聚集于扬州，他们通过不断探索和开拓，使扬州园林形成了秀丽与雄奇、幽静与深远相融合的独特风格。扬州园林大多是人为构建，通过叠石工艺、纵横的水流以及繁多的花草树木构建出精美的私人园林。

（二）会馆

会馆，也是极有代表性的盐商建筑。作为盐商兴建的公共建筑，会馆是盐商商业和社交活动的场所。如在淮安河下，清乾嘉以后建有新安会馆、润州会馆、浙绍会馆、四明会馆、湖北公所、新罗坊（韩国来淮经商盐务的客商所建）等。

盐商对会馆的打造、维护都很尽力，不少会馆至今保留下来，如自贡的西秦会馆[①]。这些会馆不仅是盐商们交流经验、分享市场信息的重要平台，也是盐商文化传承的重要场所。在这些会馆中，盐商们商讨经营策略、展开合作。

图4.6　自贡市盐业历史博物馆（西秦会馆）

[①] 西秦会馆，修建于清乾隆元年（1736），也就是今天自贡市盐业历史博物馆，位于自贡市自流井区釜溪河畔的龙凤山下。最初是由陕籍的盐商集资建成的，属于同乡会馆。风格上来说，该建筑融汇了明清宫廷建筑和民间建筑风格。碑文、木雕、石刻、泥塑等保存完好。

盐　　商

　　这些盐商建筑，为人们提供了重要的历史信息，它们不仅具有独特的文化艺术价值，更是城市发展历史的重要见证，使后人可以更深入地了解盐商文化的内涵，以及城市发展的历程和变迁。例如前文所提及的扬州盐商建筑，已经成为扬州城的珍贵遗产，也是明清盐业繁荣时期的极好见证。明清盐业的兴盛不仅给扬州带来了经济的腾飞，也在建筑文化上为城市增添了独特的风貌。这些盐商住宅承载着历史的厚重和文化的底蕴，为人们深入了解明清时期的社会生活和经济状况提供了宝贵的参考。

三、文化艺术

　　盐商在文化艺术方面的作为，是人所共睹的。例如清代著名的经学大师阎若璩，就是明代最早来淮安经营盐务的晋商阎氏的六世孙。阎若璩别号潜在居士，承继家族产业，自谓淮人，在淮安河下"居有庐，耕有田，艺有圃"，在发展家族产业的同时，成为继顾炎武之后崇尚实学、开考据之风的首位经学家，为当地的文蕴儒风增添了靓丽风采。这样的例子不胜枚举。

（一）崇儒

　　盐商在中国古代是一个极为特殊的群体，他们虽然拥有大量财富，但仍然属于"商人阶级"，由于受到重农抑商传统观念

第四章 盐商的社会功用及影响

的影响，商人在传统社会中的总体发展受到抑制。与此相反，古代中国社会十分推崇士人阶层，他们的社会地位高，身份认同感也很强，人们通常将其视为社会道德的楷模和权力的象征。正因如此，盐商也十分推崇儒学，他们寄希望于通过崇尚儒家思想并尽量走上仕途来获得社会尊重。

盐商为何会如此推崇儒学？首先是现实的考量，他们希望通过崇儒入仕，为家族产业寻求支持。如果盐商子弟或者亲属进入官僚阶层，可以为盐商提供政治庇护，盐商的商业利益和其他欲求也可以得到护佑。盐商在经营盐业的过程中所经历的艰辛常人难以想象。很多盐商外出经商要面对与亲人分离的痛苦，长期的别离导致夫妻间的感情疏远，父子之间也常常变得陌生。另外，政府对盐业管制严格，盐商稍有差池就可能陷入牢狱之灾，甚至导致家破人亡。加上沉重的商税、众多的关卡以及相当数量的污吏、贪官，盐商行盐过程往往如履薄冰，险象环生。但一旦家族有人进入官场，这种状况就有了质的变化。

并且，入仕之后，身份变得尊贵，在经济上还有可能减免徭役、转嫁赋税，也可以与官员建立权钱交易的关系。因此，许多盐商选择踏入仕途，希望通过政治地位来提升自身地位和保护商业利益，这是当时社会背景下盐商为追求最大利益而做出的明智选择。譬如，扬州盐商鲍志道次子鲍勋茂曾担任内阁中书的职务，对其家族利益的维护就很有好处。

中国老百姓长久以来都秉持着"万般皆下品，唯有读书

盐　　商

高"的价值观念，强调知识的重要性。在古代社会的等级制度中，商人的地位相对较低，这一点从"士、农、工、商"的顺序中有明显体现。譬如，朱元璋曾规定：商贾之家，只许穿布。农民之家，但有一人为商贾者，亦不许穿绸纱。①清朝雍正皇帝更明确指出：四民以士为长，农次之，工商其下。②这些规定体现了社会对商人地位的明确限制。在这样的大背景下，尽管明清时期的商品经济有了长足的发展，但商人的社会地位仍然较低。因此，对于包括两淮盐商在内的绝大多数盐商而言，他们的最终目标是希望通过读书入仕，追求更高的社会地位和更大的经济利益。

盐商的"崇儒"风气也常常体现在具体行动上。首先，盐商大多喜欢与知名的士人和大夫交往。比如盐商汪新"又以文雅游扬缙绅间，芝城姜公、金公辈名儒巨卿皆与之交"③。盐商与这些名士建立关系不仅仅是为了个人的声望和荣耀，更重要的是他们深刻认识到这些士人与封建官僚集团的紧密联系。其中一部分士人本身就担任官职，拥有权力、掌控资源。通过与他们的密切交往，盐商可以利用士人的地位和人脉网络，维护家族的经济等多方面的利益，提升社会地位和影响力。所以，这种交往不仅仅是为了社交，更是一种策略性的选择。与士人们建立紧密的联系，还可以获得士人的推荐和支持，为盐商子弟的仕途服务，使

---

① 〔明〕徐光启：《农政全书》卷三，清文渊阁四库全书本。
② 雍正：《东华录》卷五，清光绪二十五年（1899）刊本。
③ 休宁：《西门汪氏宗谱》卷六，顺治十年（1653）刊本。

第四章　盐商的社会功用及影响

他们更容易获得官职和社会地位。

其次，盐商往往通过各种手段支持家族后代参加科举考试。在两淮地区，盐商们面临一个重要问题：由于缺乏本地的商籍或户籍，往往很难立足，甚至无法获得参加科举考试的资格，而科举考试的重要性不用赘言。为此，盐商们纷纷采取措施来争取商籍或入籍当地。为了获得商籍，许多盐商选择以修建书院学校的方式为当地做好事，这样他们就能够得到当地官员的认可和支持，从而获得商籍资格。除了争取商籍或入籍，两淮盐商还利用雄厚的资金广修书院，来为学子们创造良好的学习环境。此外，一些富有的徽州盐商还不惜代价邀请名师来掌管书院和讲学。这些名师的加入极大地提高了书院的学术水平，也为盐商子弟的科举入仕提供了很好的条件。同时，为丰富子弟的学习资源，盐商收藏了大量的图书，也以此招揽各地的文人墨客。比如，早期的盐商马曰琯、马曰璐这"马氏二兄弟"的园林——"小玲珑山馆"之中，"马氏藏书"和"马氏雕版"就闻名于世。[①]此外，盐商还通过举办各类诗文大会来调动子弟的学习积极性和主动性，以创造出浓厚的学习氛围。除了马氏的小玲珑山馆，程氏的筱园和郑氏的休园等在当时都享有盛名。这些诗文大会吸引了大批文人前来参与，使两淮盐商的子弟有机会与各地名

---

① 马曰璐所居对门别墅就是街南书屋，又称小玲珑山馆。小玲珑山馆"前后二楼，藏书百厨……"马氏的雕版印刷也是清代刊刻发达的极好证明，当时刊刻的书籍"扬本"是闻名全国的。

151

盐　　商

士交流，拓宽了他们的视野，为他们的科举入仕起到了很好的作用，也提升了他们的名气。

图4.7　扬州中国雕版印刷博物馆

最后，当考取功名无望时，盐商还想方设法捐输买官。由于科举考试考取功名条件较为苛刻，并且就算允许参加也只有极少数人脱颖而出。在这种情形之下，盐商找到了一种替代途径，那就是通过捐纳买官。譬如，乾隆三十八年（1773），两淮盐商江春一次性捐出四百万两银子，这一巨额捐款引起了乾隆皇帝的特别关注，江春因此被赐予一品官职。然而，值得注意的是，这样挥金捐官的商人在盐商中属于少数。大部分盐商并没有足够的财力和胆识来采取如此激进的方式。于是，另一些盐商则直接以金钱购买官职和爵位。虽然这些官职并没有实际的权力，但它们象征着政治身份，满足了这些商人对入仕的渴望。据《嘉庆两淮盐法志》记载，顺治元年至嘉庆七年间（1644—1802），有180

第四章 盐商的社会功用及影响

个盐商家族成员通过这一方式得官。[①]科举制度在一定程度上限制了盐商进入官场的机会,因此捐纳买官成为他们摆脱这种限制的便捷方式。尽管这种行为引起了一些争议和批评,但在当时社会背景下,这也被视为实现政治目标的一种合理手段。尽管这种方式与通过科举获得的官职的含金量不同,但它反映了人们对于入仕的渴望,也是盐商这一阶层崇儒特征的极好表达。

盐商的这些崇儒举措,培养出一批为盐商发言的政治官员,他们为盐商争取利益,促进了两淮盐业的繁荣,同时也对当地学术的发展产生了深远的影响。如扬州盐商广泛收集图书,与知名学者交流,为学术研究提供了广阔的平台和支持。众多经学家、古文字学家以及其他领域的学者借助这一平台,为扬州学术的繁荣做出了巨大贡献。

还需提及的是,盐商的"崇儒"风气也有一定的消极影响。首先,从人力资源方面看,部分盐商家族的子弟专注科举考试,对家族的商业经营活动难以关注,这在一定程度上削弱了本族的商业力量。当然,如果能够进入官场,所得回报肯定会大于损失,但能够走上仕途的毕竟是少数。其次,从资本投入方面看,有些盐商为了后代入仕,在这方面投入太多精力和钱财,在商业经营中投入的资本大大减少,这会削弱其在商业领域的竞争力。

---

① 陈星生:《自贡盐商与扬州盐商》,《中国档案》,2008年第3期,第71页。

盐　　商

（二）文学艺术

不少盐商是儒商，他们具有较高的文化修养，除了从事商业活动，他们也凭借较为富足的条件和相对较多的闲暇时间，从事文学艺术活动。这既展示了个人才华和修养，也为文化艺术的繁荣作出了贡献。

1. 文学方面

不少盐商热衷文学，广泛涉猎文学经典，深入探讨诗词文章。盐商的文学活动不仅致力于自身的文学素养的提升，也不仅限于盐商之间的交流，他们还积极参与和支持文学活动。例如，他们与当地文人共同组织文会、书院等文化机构，为文学交流提供了平台。这些文化组织的成立和运营，推动了文学繁荣，为地区的文化发展奠定了坚实基础。同时，他们还支持文人的创作，不少大盐商以其热情和慷慨成为文学界的赞助者和支持者。他们的努力不仅推动了文学的发展，也培养了一代又一代的文学人才，为我国古代文化的传承和弘扬作出了不可磨灭的贡献。

两淮盐商在这方面是典型代表。他们积极与当地文人互动，常常发挥着领导和组织者的作用。前面提到的淮安河下盐业兴盛时期，盐商的文学活动也层出不穷。在这里，盐商们相互切磋文学技艺，探讨经典著作，深入研究各类学问。通过文学交流，他们不仅提升了自身的文化水平，也为后世留下了宝贵的历史遗产。"每当元旦、元夕、社节、花朝、端午、中元、中秋、蜡腊,街衢巷陌之间,以及东湖之滨,锦绣幕天,笙歌聒耳,游赏几无虚日。而其间风雅之士,倡文社,执牛耳,招集四方知名之士,联吟谈艺,坛坫之盛,甲于大江南北。"①

不少盐商的文学素养非常高。如程氏家族的程嗣立即那个时代的文化典范,"少负异禀,喜读书。既未能有所表见,则戴黄冠,挥玉麈,弃一切如嚆唾。惟生平翰墨缘,芟除未尽,或吟小诗,或据案作山水,以破岑寂"②。他在工艺品制作方面也颇有天赋,还精通绘画和书法。他的风采和才华使他成为当时文化界的明星,对后世也产生了深远的影响。该家族的程晋芳也作品颇多,作品著有《周易知旨编》《尚书古文解略》《诗毛郑异同考》等,在文人圈中享有崇高的地位,为文学活动的推动发挥了积极的作用。

2. 艺术

盐商们不仅在文学领域做出了突出的贡献,在艺术方面也留下了不可磨灭的印记。不少盐商自身在艺术方面也颇有建树。如自贡盐商王和甫家族,王氏家族祖上就深谙经典文化,留下了丰富的藏书,王和甫从小就对阅读充满热爱,并专注于书法的学

---

① 王光伯等:《淮安河下志》,荀德麟等点校. 北京:方志出版社,2006年,第23页。
② 王光伯等:《淮安河下志》,荀德麟等点校. 北京:方志出版社,2006年,第380页。

盐　　商

习，在此领域造诣非凡。此外，他对珍品的收藏也展现出极大的兴趣，并在当时社会备受赞赏。其子王少苏，也可谓博学多才，特别是在文学领域，才情非凡，行文优雅动人。此外，他对音律也有深入的研究，精通音乐的节奏和和谐之道。他还具备出色的书法技巧，尤其在行书方面独步一时。为此，他常常被邀为自贡地区的匾额、楹联和店招题字，彰显其在书法艺术上的卓越造诣。

除了自身的艺术素养，盐商们还大大促进了戏曲等艺术的发展。如明清时期两淮盐区戏曲的繁荣，就离不开盐商的贡献。当然，他们对戏曲的支持，在一定程度上也是为了自身利益。那时，皇帝及两淮盐官都偏好戏曲，盐商为了获得官府的支持，常常会竭力去迎合他们的兴趣。扬州盐商经常邀请苏州雅部昆腔前来扬州演出。然而，由于交通不便以及时间上的不确定等，这种演出存在许多不便之处。为了解决这方面的问题，盐商们积极探索途径，他们利用丰厚的财力开始自行培养和雇佣优秀的演出团队，逐渐形成了由盐商支持的"家班"。"昆腔之胜始于商人徐尚志，征苏州名优为老徐班，而黄元德、张大安、汪启元、程谦德各有班。洪充实为大洪班，江广达为德音班，复征花部为春台班。自是德音为内江班，春台为外江班。今内江班归洪箴远，外江班隶于罗荣泰。此皆谓之内班，所以备演大戏也。"[①]盐商

[①] 李斗：《扬州画舫录》卷四，北京：中华书局，2001年，第107页。

戏曲家班的剧目也多彩多样，《剧说》《花部农谭》《扬州画舫录》《扬州府志》《两淮盐法志》等文献载录，乾隆年间扬州各家班有近百家，所演剧目1200余种。①

这不仅满足了盐商的艺术需求，也为当地观众提供了高质量的戏曲享受。另外，他们聘请知名演员和乐师，策划并组织精彩的演出活动，致力于戏曲艺术的创新和提升。他们的投资和努力为戏曲剧种的发展和改革作出了重要贡献，使得两淮盐区的戏曲文化焕发出勃勃生机。

四、教育与人才培养

盐商在教育和人才培养方面的贡献也是不可小视的，不管是在助教兴学，刊刻典籍、珍藏书籍，还是在扶持文人墨客方面，都是可圈可点的。

（一）助教兴学，出资修建教育机构

不少盐商，尤其是徽商在侨居他乡时，为了让其子弟能够接受当地的教育，积极提供资金支持来修建府学和县学。如乾隆元年（1736），（盐商汪应庚）见江、甘学宫岁久倾颓，出五万

---

① 黄俶成：《论两淮盐业经济对清代学术文化的影响》，《江海学刊》，2001年第3期，第121页。

盐　　商

余金亟为重建，辉煌轮奂，焕然维新。又以二千余金，制祭祀乐器，无不周备。又以一万三千金购腴田一千五百亩，悉归诸学，以待岁修及助乡试资斧，且请永著为例。"①

盐商在文教事业中的重要作用之一，即支持地方书院的建设。他们以捐资修建、赞助运营等方式积极参与书院的建设和发展。这些书院成为学者们学术交流和研讨的重要场所，培养了一大批人才。这里以扬州书院为例。扬州府内的书院大都是由盐商赞助，扬州画舫录中记载道："扬州郡城，自明以来，府东有资政书院，府西门内有维扬书院及是地之甘泉山书院。国朝三元坊有安定书院，北桥有敬亭书院，北门外有虹桥书院，广储门外有梅花书院；其童声肄业者，则有课士堂、邗江学舍、角里书院、广陵书院等，资政书院则在府堂东。"②可见扬州书院的繁荣。其中有三所书院是较为突出的，它们分别是安定书院、梅花书院和乐仪书院。这些书院的经费除了盐政拨款，就是富裕盐商的个人资助。

梅花书院（见图4.8）的初名是甘泉山书馆，后改名为崇亚书院，在明末时曾被弃，在清代雍正十二年（1734），两淮盐商马曰馆又出资重建了梅花书院。马氏修建了五间讲堂和六十四间号社，且进展迅速，被形容为"独任其事，减衣节食，鸠材

---

① 歙县《汪氏谱乘·光禄寺少卿汪公事实》（乾隆抄本），转引自张海鹏、王廷元主编：《明清徽商资料选编》，第321页，第1021条。
② 李斗：《扬州画舫录》，香港：中国书画出版社，2014年，第50页。

命……不期月而落成"①。乾隆元年（1736），两淮总商汪应庚捐资五万金用于重修学舍，并购买了价值113万金的学田，用每年的租金来维持书院的运营。梅花书院的捐助主要来自富裕盐商，盐政衙门也对该书院的发展也起到了一定作用。②

图4.8 梅花书院

安定书院最初由巡盐御史胡文学于明崇祯十五年（1642）创办。雍正十一年（1733），巡盐御史高斌和运使尹会一认为扬州这个名闻遐迩的城市应该振兴书院教育。因此，他们提议在原

---

① 《光绪增修甘泉县志》卷十六，台北：成文出版社，1983年。
② 梅花书院最初是民间的教育机构，初始于唐代，宋代逐渐成熟，明清时期向官学化发展，培养出诸多人才。姚鼐，是梅花书院第一任山长，"与时俱进"最早就是他说的。书院走出的状元多人，让梅花书院名声大振。它见证了扬州重文兴教之风，"入礼门、树仁心、走义路"的教育核心流传至今。今天，作为广陵小学的一部分，梅花书院的日常管理与使用由广陵小学负责。

盐　　商

址上重建书院，并呼吁商人和士人捐款。于是，盐商和士人们共捐献了7400两银子，使书院焕然一新。初始时，书院规定了60名学生的名额，并分为正课、附课和随课三个等级。这些学生获得的膏火费与梅花书院相同。对于住院学习的学子来说，每天还额外获得三分膏火津贴。此外，书院还资助学生参加乡试的路费，对于中举者来说，更有树旗杆和送匾额的荣誉。盐商们的捐资不仅使书院的经济状况稳定，还为书院带来了丰富的人才资源和学术交流机会。

这两所书院由于经费充足，待遇优厚，吸引了许多知名学者前来讲学，师资力量雄厚。李斗在《扬州画舫录》所说，"皆知名有道之士"，如王步青、姚鼐、厉鹗、赵翼、杭世骏、全祖望、蒋士铨、王乔林等人先后任书院掌院。而翰林院编修诸大文、国子监司业陈祖范、光禄寺卿沈起元、国子监祭酒吴锡麒、内阁学士茅元铭等，都曾在这两所书院讲过学。这些人中，有的是诗坛领袖，有的是史学大家，有的是桐城派古文集大成者，都是当时的社会名流。[①]这些书院还提供膏火费，尤其为参加岁科两试和乡试的学生提供路费，因此吸引了众多学子前来求学。

这两所书院也培养了大批科举人才和学者，为扬州学派的兴起作出了巨大贡献。梅花书院是扬州学派的重要阵地之

---

① 吴海波：《两淮盐商与清代文教事业》，《江西教育学院学报》，2005年第5期，第108页。

第四章 盐商的社会功用及影响

一。许多知名学者如王念孙和刘台拱都是该书院的毕业生。王念孙在文字学领域享有盛誉,而刘台拱则在经学方面有着卓越成就。安定书院也培养了不少杰出人才,顾九苞作为安定书院的杰出学生,成为扬州学派的领军人物。他的表侄任大椿也曾在安定书院求学,并在顺利完成学业后考取进士。任大椿后来担任礼部郎中和监察御史职务,并参与修撰《四库全书》。江都人汪中虽出身贫寒,但在安定书院与掌院杭世骏交流学问时备受赞赏。最终,他对《书》《礼》《春秋》《尔雅》等领域都有深入研究,成为一位重要学者。同样出身贫寒的江都焦循也进入了安定书院,在学习中展现出卓越才华,被誉为"通儒"。这些学者在安定书院和梅花书院的培养下,成为学术界的耀眼明星,为扬州学派增光添彩。

与其他地方书院不同的是,扬州书院与盐商之间的联系更为紧密。盐商不仅提供了大量资金支持,还积极参与书院的事务管理和决策,这种独特的合作关系促进了文化的传承和学术的繁荣,使扬州书院成为当时知识精英聚集的重要场所。

盐商对书院教育的支持,为地区的文化繁荣和人才培养作出了巨大贡献。他们的慷慨捐助和对教育的关注,也为他们在商业领域取得持久繁荣的成就奠定了坚实基础。他们在商业智慧和文化素养之间取得平衡,使盐商成为不可或缺的社会力量。

盐　　商

（二）刊刻典籍、珍藏书籍

除了兴教助学，盐商在刊刻和收藏书籍方面也有突出贡献。他们广泛收集和珍藏各类图书，建立了丰富的藏书库。他们不仅重视收集传世经典和名家著作，还注重保护和修复古籍，以确保文化遗产的传承和保存。同时，他们还通过刻印和出版活动，促进了书籍的流通和普及，为学术研究和知识传播提供了重要的支持。如扬州刊刻事业的繁荣就得益于两淮盐商的付出，两淮地区藏书事业的发展也离不开盐商及其后代的努力。

传统社会中，书籍的刊刻是一项费时费力的工作，需要人工逐字逐句雕琢，所需成本十分惊人。因此，刊刻往往只有官绅和豪商等阶层才能负担得起，正如康熙皇帝所说："刻一部书，非千金不可。"不少盐商成为书籍刊刻事业中不可或缺的力量。如清代的两淮地区，在盐商雄厚财力的支持下，大量经典得以刻印出版。这些盐商不仅提供了资金和资源支持，还参与了刊刻机构的经营和管理。他们与刊刻机构合作，提供书籍的主题和内容，同时倾听市场需求，推动了书籍的多样化和品质的提高。

尤其值得一提的是马曰琯、马曰璐、江春、黄家兄弟和鲍淑芳等两淮盐商，他们慷慨解囊，为贫苦学者提供刻书的资助，使他们的学术成果得以广泛传播。他们为诸多学者刊刻书籍，涉及范围十分广泛，如"马曰琯曾为朱竹垞（朱彝尊）刊刻《经义考》，为厉鹗刊辑《焦山化游集》，为戴震刊刻《屈原赋注》和

第四章　盐商的社会功用及影响

《水经注》，为孙默刻《乡谷卧全》；又花费数千金为蒋衡装潢书写的《十三经》；同时还刊刻古人文字学著作，如许慎的《说文》《玉篇》《广韵》及《字鉴》等书，时人称之为'马版'①，也为扬州八怪刊刻，'汪士慎的《巢林集》即由马氏玲珑山馆刻印；金农的《画竹题记》也由江春镂版行世'"。②

两淮盐商不仅擅长刻印书籍，而且对于收藏书籍也有着浓厚的兴趣，并且愿意花费大量财力来追求珍本和善本。盐商中最著名的收藏家是被称为"扬州二马"的马曰琯和马曰璐兄弟。他们建造了一座名为"马氏丛书楼"的藏书馆，内部设有百橱，藏书量十几万卷。据记载，"乾隆三十八年因修《四库全书》而向民间采集遗书，其时马曰琯已故世，其子向清政府献珍藏的图书，可备采择的多达776种"③。

在两淮盐商中，程氏家族的程晋芳也是一个热衷于藏书的人。作为新安大族的一员，对于好书不论价格多高，他都毫不吝啬地购买，并且积累了五六万卷的藏书，成为扬州地区著名的藏书家。《清稗类钞》曾这样描绘他："治盐于淮。时两淮殷富，程尤豪侈，多畜声伎狗马。鱼门（程晋芳）独惛惛好学，服

---

① 〔清〕李斗：《扬州画舫录》卷四，北京：中华书局，2001年，第68页。
② 李家池：《论扬州盐商与扬州八怪的依存关系》，《扬州教育学院学报》，2000年第1期，第57-59页。
③ 〔清〕李斗：《扬州画舫录》卷四，北京：中华书局，2001年，第88页。

163

盐　　商

行儒业，罄其资以购书，皮阁之富，至五六万卷，论一时藏书者莫不首屈一指。好交游，招致多闻博学之士，与讨论世故，商量旧学。"[①]程氏家族的程梦星的筱园收藏了大量的图书和书画作品。他曾聘请芜湖的韦谦恒为其校勘书籍长达五年。吴伯举则购买了商周鼎彝及晋唐以及更早时期的图书，不论价值如何，都毫不犹豫地收购。扬州的郑氏休园的丛桂堂藏书也相当丰富，其中名人文震孟、徐元文、董香光等人都曾到访，并为其中的图书题跋。另外还有一些著名的藏书家，如扬州测海楼的主人吴引孙和吴筠孙兄弟。他们的家族起源于安徽的歙县，乾隆年间迁居至扬州从事盐业，以丰富的藏书而闻名，对于书籍的珍视和慷慨投资给后人留下了深刻印象。

　　盐商不仅致力收集书籍，还慷慨地向有需要的人提供借阅机会。他们常常以能够为文人士子提供求知之所为荣。他们的所为大大弥补了当时书院图书馆藏书的不足。盐商们的书籍收藏也为莘莘学子提供了宝贵的学习资料。通过借阅盐商提供的书籍资源，学生们得以深入学习和研究，所以盐商不仅仅是商人，也是文化事业的倡导者和支持者，对教育事业起到了重要的推动作用。

[①] 《清稗类钞》第20册《义侠类》，转引自张海鹏、王廷元主编：《明清徽商资料选编》，第464-465页，第1411条。

第四章 盐商的社会功用及影响

（三）扶持与资助文人墨客

在明清时期，两淮地区的盐商不仅仅是商人，他们还是文化的赞助者。通过扶持和赞助，盐商吸引了大批文人墨客围绕在身边。当然，盐商的动机是多种多样的，有些是为了提高自己的地位和名声，有些是为了结交社会名流，有些是为了实现自己的文学梦想，还有些是出于政治和经济利益的需要。盐商的赞助不仅限于资金援助，他们还积极通过别的方式与文人墨客建立联系。如马曰琯与其弟马曰璐建立的"街南书屋"（又称小玲珑山馆）专门招待南来北往的文人墨客。他们备受名士们的推崇，甚至这些名士将没有得到邀请视为一大遗憾。他们与文士们结成了邗江吟社，一起赋诗作乐，交流友谊。人们称为"汉上题襟"和"玉山雅集"，当时像全祖望、厉鹗、王藻、杭世骏、陈祖范、金农（见图4.9）、陈章、姚世钰等一流名儒硕士都来过这里。

图4.9 金农《临西岳华山庙碑隶书册》

（图片出处：唐翼明：《中国书法之美》第2卷《隶书》，广东教育出版社，2022年，第290页。）

盐　　商

　　作为江南总商的江春也非常喜欢文化社交，他的家中有一个可以容纳百人的大厅，经常座无虚席。在闲暇之余，他还专注地欣赏吟咏者的才华。他广邀四方的文人墨客前来，与他们交流思想。江春还向精通制艺的名士王步青学艺，长达二十年的时间里，他接受了吴梅村之孙吴献可传授的通经法和究名法之学。此外，江春还请郭尚文管理文汇阁所收藏的书籍。据记载，集结在江春周围的文人有：钱陈群、曹仁虎、蒋士铨、王步青、方贞观、郑燮、黄裕、戴震、沈大成、江立、吴娘、金兆燕、吴献可、郭尚文等。程梦星和程晋芳也积极支持文人墨客，程梦星修建了筱园和漪南别业，为四方名士提供了一个聚会的场所。他与马曰璐等人组织了邗江雅集，这一雅集活动持续了数十年。程晋芳与著名作家吴敬梓是忘年之交，多次资助吴敬梓的文学创作。此外，程晋芳与经学家和音律学家凌廷堪保持着密切的交往。著名学者鲍皋、惠栋、王世球、薛廷吉、梅文鼎、朱彝尊、钱大昕、王昶、王鸣盛、袁枚、卢文弨、邵晋涵等都是扬州盐商的座上客。[①]

　　两淮盐商不仅对结交各地的文人墨客充满热情，还展现了对贫困学士的慷慨资助。他们以购买学士字画、提供食宿等方式给予文人学士支持。例如，为了支持"扬州八怪"，他们以重金收买扬州八怪和一些名家字画，将一批生活潦倒乃至寄居于祠堂、古寺的

[①] 王雪萍：《扬州盐商文化线路》，《扬州大学学报（人文社会科学版）》，2012年第16期，第93-98页。

文人画家供养在私家园林之中，让他们出有车、食有鱼。扬州八怪中的华品山、陈撰、黄慎、李鱓、金农、高翔、边寿民等人，都曾在富可敌国的江春、贺君召等人家中下榻和寓居过，有的甚至一住多年。他们可以在盐商提供的优雅舒适的画室里，潜心作画，提高艺术；可以随心所欲地鬻字卖画，增加收入。[①]扬州八怪和扬州学派正是因此崭露头角。再如，齐氏曾资助著名文人朱彝尊一万两黄金，使他得以专心撰写《经义考》。许多知名文化人如吴、皖、浙等地的学子们都受益于盐商的慷慨赞助。总之，两淮盐商通过资助、支持文化人和文化事业，为社会作出了重要贡献。

五、对学术及地方文化的推动

盐商虽有不菲之经济获利，但作为"士农工商"四民之末，社会地位并未能与其经济实力相符。为提升社会声誉，不少盐商利用行盐收益从事学术等文化活动，以期提升在当地的社会声誉，既能改变其"向利"之形象，又能增进地方社会对他们的认同。

[①] 李家池：《论扬州盐商与扬州八怪的依存关系》，《扬州教育学院学报》，2000年第1期，第57-59页。

盐　　商

（一）盐商热衷学术研究

在对学术的热衷和投入方面，两淮盐商颇具代表性。两淮盐商实力雄厚，在清代，他们凭借政府授予的食盐专卖特权积累了巨额的社会财富，在慈善和教育、文学艺术方面都做出重要贡献。同时，他们也积极参与学术研究，在著述等方面取得不少成就，江春、程梦星、程晋芳、马曰琯、马曰璐等便是典型代表。

其中，江春长期居于扬州，对学术产生了浓厚兴趣。根据《扬州画舫录》记载，江春"初为仪征诸生，工制艺，精于诗，与齐次风、马秋玉齐名"[①]。可见，江春不是一个只追求享乐和物质财富的豪商，而是一个深具文化素养、精通诗文，并在学术领域有所建树的儒商。为了实现他的学术梦想，江春在扬州创立了"随月读书楼""康对山读书处"等学术场所。他的康春草堂为"文人学士唱和之地"，此外，他还积极从事学术创作，著有《随月读书楼时文》《随月读书楼诗集》《黄海游录》《水南花墅吟稿》《深庄秋咏》等著作。

江春的学术投入和成就不仅为他个人带来了荣誉，也对扬州的文化事业作出了重要贡献。他为学术交流和知识传承提供了重要平台，助推了扬州的文化发展。作为一位儒商，江春成功地将商业与文化相结合，是江南地区盐商推动学术繁荣与兴

[①]〔清〕李斗：《扬州画舫录》卷十二，北京：中华书局，2001年，第274页。

第四章 盐商的社会功用及影响

盛的典型代表。

程梦星、程晋芳是居住在淮安河下的两淮盐商程氏家族子弟。这个家族涌现出数十位文学名人,是清代著名的儒商世家,程嗣立、程崟、程梦星和程晋芳等人尤为著名。程梦星和程晋芳叔侄是程氏家族中学术研究成果最为丰硕的代表。程梦星是两淮盐商程量入的曾孙,从他的父辈开始,程氏家族的子孙愈发专注于学术研究。

程梦星曾任翰林修书一职,在诗歌创作上面表现出色。他对李商隐的诗作进行了深入研究,著有《重订李商隐诗集笺注》《李商隐诗集外诗笺注》《重订李商隐年谱》和《李商隐诗话》等著作,展现了杰出的学术才华。除在文学方面成就斐然,程梦星还是一位知名的经学家,他深入研究了易经、书经、诗经和礼经等经典,并留下了丰富的经学著述,包括《周易知旨编》《尚书今文释义》《尚书古文解略》《毛郑异同考》《读诗疏笺钞》《春秋左传翼疏》《礼记集释》《诸经答问》《群书题跋》《桂宦书目》《勉行堂文集》《勉行堂诗集》和《蕺园诗集》等,为经学领域的研究贡献了丰富的内容。[①]

他们的学术成就不仅为程氏家族增添了荣耀,也树立了儒商的榜样,程氏家族的文化底蕴和学术成就在清代持续发展,对当时社会产生了积极而深远的影响。

---

① 张健:《清代徽州藏书家与文化传播研究》,芜湖:安徽师范大学出版社,2015年,第184页。

盐　　商

在两淮地区的盐商中，马曰琯和马曰璐兄弟在学术方面也有卓越的造诣。马曰琯"祁门诸生，居扬州新城东关街，好学博古，考校文艺评骘史传，旁逮金石文字"。马曰璐以诗歌创作闻名，却并不追求仕途，拒绝了博学宏词召试。[①]马氏兄弟生于徽州祁门。徽州祁门历来以"文献之邦"闻名，而马曰琯作为一个祁门的学子，对学习充满热情，广泛涉猎古籍文献，对史传和金石文字进行了深入研究，他的著作包括《沙河逸老诗集》。康熙帝曾两次亲自赐书给他，以表彰他的学识和才华。马曰璐同样是一位杰出的诗人，以博学多识而著称，他的诗词才华与兄长不相上下，著有《南斋集》。他与兄长在扬州经营盐业期间，是扬州文坛的佼佼者。马氏兄弟不仅对学术研究充满热情，还喜欢邀请其他学者进行交流，他们共同组成了诗社，进行学术研讨。他们与各方学者共同创作的诗歌被整理成了《邗江推集》十二卷。《焦山纪游集》和《林屋唱酬录》也是他们与其他文人学士一同参与的文学和学术交流的历史见证。

（二）兴办诗文之会

盐商在获得经济利益的同时，也想附庸风雅，摆脱商人趋利之刻板印象；或因其对诗文之喜好，常常开办"诗文之会"或

[①] 冯尔康：《清代社会日常生活》，北京：中国工人出版社，2021年，第413-414页。

第四章　盐商的社会功用及影响

"园林聚会"等活动，积极与地方文人交往，既结交了各地的文化名流，也为个人的文化梦想助力。通常，这些文学诗会选择在一些特殊的日子举行，如元旦、元夕、社节、花朝、端午、中元、中秋等，地点或在巷陌之间，或在河海之滨，锦绣幕天，笙歌聒耳，游赏几无虚日。而其间风雅之士，倡文社，执牛耳，招集四方知名之士，联吟谈艺，坛坫之盛，甲于大江南北。[1]通过"诗文之会"，盐商与文人们得以相聚一堂，交流观点，共同探讨文学、哲学等。这些活动不仅为盐商们提供了与文化精英交往的机会，也为当地的文人们提供了展示才华的舞台。在这些诗会上，大家相互启发、相互学习，共同推动文学的发展。

　　承办诗会的大多为财力雄厚的盐商。他们一般将诗会的举办地点选在私家园林中，《扬州画舫录》中记载道：扬州诗文之会，以马氏小玲珑山馆、程氏筱园及郑氏休园为最盛。[2]下面举几个比较著名的诗会。

　　前文已经提及，小玲珑山馆是由盐商马氏两兄弟建造的。该馆是马氏接待各地士人的场所，也是交流与思考的场所，吸引了众多文人墨客前来，"供同乡、文化名流和外籍学者在此进行学术交流，小玲珑山馆经常能看到全祖望、郑板桥、厉鹗、金农、郑元勋、郑元化、汪懋麟、汪琦、程邃、吴应友、吴宗信、

---

[1] 王光伯等：《淮安河下志》，北京：方志出版社，2006年，第23页。
[2] 〔清〕李斗：《扬州画舫录》卷八，北京：中华书局，2001年，第180页。

盐　　商

毕熙、黄朝美、程式谦等人。所谓'四方人士闻名造庐，授餐经年，无倦色'"。[1]例如，杭州的文人厉鹗曾在小玲珑山馆逗留数年，专心钻研文学。他在此期间接触到大量宋代文献，尤其对宋代诗歌、文言文、山经和地理制度等进行了深入探索。马曰琯兄弟对他给予了特别的关照，甚至为他纳妾并安排了住所。厉鹗去世后，马曰琯为他设立了灵位，并举行了庄重的祭奠仪式。袁枚曾作诗颂之："山馆玲珑水石清，邗江此处最知名。横陈图史常千架，供养文人过一生。客散兰亭碑尚在，草荒金谷鸟空鸣。我来难忍风前泪，曾识当年顾阿瑛。"[2]

程氏筱园是由程梦星建造的。程梦星，康熙五十一年（1712）进士，官编修，"于艺事无所不能，尤工书画弹琴，肆情吟咏。每园花报放，辄携诗牌酒盏，偕同社游赏，以是推为一时风雅之宗"[3]。程梦星邀请了许多杰出人才加入筱园，韦谦恒便是其中之一。韦谦恒为探花，程梦星聘他为校书，并特地在家中建造了一座名为玉山心室的学习场所。陈撰也是程梦星的常客之一，他在乾隆时期参加了博学宏词科考试，并长期在筱园居住。而盛唐则是一位技艺出众的布衣书法家，他钟爱书法艺术，

---

[1] 张健：《清代徽州藏书家与文化传播研究》，芜湖：安徽师范大学出版社，2015年，第185页。

[2] 王世华：《贾而好儒》，芜湖：安徽师范大学出版社，2016年，第85页。

[3] 冯尔康：《清代社会日常生活》，北京：中国工人出版社，2021年，第414-415页。

也曾是筱园的常客之一。还有张铨，他是一位游历山水的学子，鉴赏古人书画技艺独到，程梦星亲自指导他绘制了扬州二十四景以及金山和焦山的图画。程梦星的卓越才华和声望使得筱园成为文人雅士们追逐的地方。此外，程梦星的族人程釜也常与他一同游览筱园。程釜同样是一位进士，辞去官职后，他专注于选定明代及本朝的古文，并逐一加以出版。早年他与桐城派创始人方苞有密切的交往，最终为方苞的作品《望溪全集》进行了刊刻，展示了他们之间深厚的友谊和学术交流。程梦星作为程氏筱园的主人，凭借其卓越的才华和对艺术的追求，吸引了许多杰出人才加入筱园，共同享受花园之美和文化交流的乐趣。筱园成为一个精英聚集的场所，文人雅士们在这里展示才华、交流学术，并共同创造出独特的文化氛围。

通过兴办"诗文之会"，盐商在文化领域发挥了重要作用，为当时文化繁荣作出了重要贡献，这些活动也成为地方文化的重要组成部分，为地方的文化繁荣增添活力。

（三）促进地方文化的形成与发展

长期在一个地方经营的盐商，对本地的文化产生一定的影响，从而推动当地文化的形成和发展，如长芦盐商对天津文化的影响便是一例。天津位于华北平原的东北部，东临渤海，北枕燕山。这个城市坐落在海滨地带，然而其土地却面临严重的盐碱化

盐　　商

问题，这些地理条件导致人口难以长期聚居，也缺乏一个吸引文人墨客聚集的环境。然而，此种自然环境却也让天津成为盐业、运输业发展的理想之地。

由于周边海侵之地的特点，天津周边土地多为盐碱化严重、土壤贫瘠的区域，这对于农耕文明的发展造成了一定的限制，也导致了天津早期文化的相对落后。然而，正是这片土地的特点，使得天津成为盐业的重要产地。盐商们意识到天津土地适合盐业生产，于是他们积极投资建设盐场，并利用周边丰富的海盐资源，发展起盐业经济。天津的地理位置使得海盐的运输便利，不仅可以满足本地需求，还可以通过水路运输销往其他地区。盐商利用这一优势，将天津打造成了盐业交易中心，吸引了大量的商贾和人才聚集于此。这些盐商不仅促进了盐业的发展，还带动了相关行业的繁荣，如运输、加工和贸易等。在这种环境之下，长芦盐商迅速发展壮大，反向推动了天津文化的发展。

首先，便是推动天津科举的发展。在古代中国社会，盐商们虽享有巨大财富致使生活无忧，然而，在传统社会中，衡量"成功"的标准并非仅是富有，通过科举考试进入仕途才是正途，也是最受尊重的途径。许多长芦盐商家族的创始人并不具备高深的学问，他们可能曾多次参加科举考试却未能获得成功。这些家族的创始人渴望让子弟接受良好的教育，通过科举考试迈入仕途。为营造一个文风兴盛的氛围，清初长芦盐商积极资助文人，许多江南士子北上，逐渐产生文人集群之势。

第四章 盐商的社会功用及影响

江南士子纷纷北上天津的另一个重要原因是冒用天津籍贯参加科举考试,虽然当时天津科举考试尚不隆盛,但天津的科考名额较多,冒用天津籍贯参加考试能够获得一定的优势。一些天津名士,如王又朴、徐金楷,以及在《满汉名臣传》中被列为卓越军功的天津人俞金鳌等,都是通过冒用天津籍贯成功进入仕途的。[1]

其次,盐商推动了天津高雅文化与通俗文化的发展。早期的长芦盐商家族创始人普遍缺乏较高的文化素养。例如,张氏家族的张希稳、张希思,以及查氏家族的查日乾和安图等人,虽然不属于"白丁",但他们的主要关注点是管理和经营家族盐业事务。随着家族事业的发展壮大,他们开始认识到文化素养的重要性,并积极与来自江南和其他地方的文人墨客建立联系。通过与文人墨客的交流互动,盐商家族的文化素养得到了显著提升。这种互动不仅推动了天津高雅文化的兴起和繁荣,也促进了双方的共同成长和进步。这让张氏家族成为天津以诗书传家著称的家族,并使天津的名声也开始发生转变:从早期被人们所称的"鱼盐武健之乡"向"文物声名之地"转变。[2]

张氏家族中以张霖为首,对诗文十分钟爱并且有一定造诣,并重金打造遂闲堂,为天津诗文等高雅文化的发展提供场

---

[1] 高鹏:《芦砂雅韵·长芦盐业与天津文化》,天津:天津古籍出版社,2017年,第223-225页。

[2] 高鹏:《长芦盐商与天津文化的形成发展》,天津师大博士论文,2014年,131页。

盐　　商

所。安氏家族中有一位收藏家安歧,他在中国的收藏界拥有独特而显赫的地位,被誉为清初收藏书画领域的"三家村"之一,与梁清标和高士奇并列。安歧之所以具备卓越的书画鉴赏能力,首先源于他对艺术的真挚热爱和追求。他对书画作品的欣赏不仅出于功利,更是内心深处对艺术美的追崇和赞美。其次,安歧凭借雄厚的财力和实力,能够广泛收购珍贵的艺术品。这一经济实力使得安歧在艺术圈内备受瞩目,并赢得了广泛的赞誉和声望。安歧为后人留下了《墨缘汇观》一书,此书包括《法书》上下卷、《名画》上下卷,各有续录,共六卷。内容上至魏晋,下至明清,为安歧家藏或者过目的历代精品,记述所见作品的作者、纸绢、尺寸、装潢、墨色、题跋、落款、印章与流传经过,并对前人品题加以评析。[①]他的收藏品为人们提供了珍贵的艺术资源和研究素材,丰富了中国艺术史的发展。他不仅仅是一个收藏家,更是一个艺术品的守护者和传承者。安歧的收藏之路为中国艺术的传承和发展作出了积极的贡献。

在古代,诗社作为重要的文化组织能够吸引志同道合的文人墨客聚集在一起,写诗作赋,吟咏酬唱。诗文兴盛之地,多有诗社助益。但明嘉靖朝以前,天津的文学创作主体是那些曾在天津有过仕宦经历的官吏,以及流寓、客居天津的文人。他们虽也留下了一部分作品,譬如文渊阁大学士宋讷的《直沽舟》、陶安

[①] 韦铭铧:《广陵绝唱》,《关于安麓村》,天津市:百花文艺出版社,2003年,第57-66页。

第四章 盐商的社会功用及影响

的《舟过长芦》、大学士李东阳的《天津八景》等，但他们都只是天津这片土地上的匆匆过客，彼此来来往往。由于当时天津尚未形成良好的文化生态环境，天津本土的文化社群还没有建立起来。直到天津的盐业和盐商发达起来，天津的诗学和诗社才开始兴盛。这些富有的盐商们建造了园林，招待名流，吸引了来自大江南北的文人墨客纷纷前来。这种情况下，天津本土的文化社群开始形成，诗社成为文人们交流思想、展示才华的重要平台。

在此过程中，天津本土产生了许多十分著名的诗社，如张霖的"月泉吟社"、张霆的"草堂诗社"、梅成栋的"梅花诗社"、杨光仪的"消寒诗社"等。诗社不仅是文人们聚集的场所，也是他们互相切磋、互相赏识的舞台。在诗社中，文人们以诗歌为媒介，表达情感、交流思想，共同追求艺术的卓越和创作的提高。这种文化互动推动了天津本土文学的发展。诗社成为天津文人们心灵交流的场所，也培养了一批才华横溢的文化人才。随着时间的推移，天津的诗社文化逐渐壮大，成为天津地区文学艺术的重要支柱。

由于盐商家族对文化的重视和支持，天津本土的文化生态环境逐渐形成，为诗社和其他文化组织的兴起创造了条件，为天津城营造了良好的文化氛围，文人墨客前来天津，共同探讨艺术和交流思想。他们在诗词、书画等艺术领域的探索和创作，为天津注入了无穷的艺术魅力和文化活力。因此，可以说，盐商家族与来自大江南北的文人墨客之间的文化互动和合作，是推动天津

盐　　商

高雅文化发展繁荣的重要力量。

与高雅文化相对应的是通俗文化,简单来讲,通俗文化是更为大众广泛接受并流传的文化,具有日常化、流通广的特点。而天津作为一座移民城市,人员构成复杂,其通俗文化也更为发达。

戏曲艺术算是通俗文化的一个重要体现。在我国戏曲艺术的历史发展中,盐商扮演了重要的角色。由于盐商家族的财富积累和盐务官员的特殊地位,他们成为戏曲艺术的主要赞助者和支持者,推动着戏班发展和戏剧创作。扶持戏班成为盐商们身份地位的象征,也是他们展示财富的手段。盐商们慷慨解囊资助戏班的另一个目的是争取社交地位和希望受到重视,这对戏剧发展起到重要推动作用。盐商的赞助和支持不仅使得戏班正常运营和发展,与此同时,盐商们在剧本修改和演绎方面也发挥了重要作用,以迎合广大观众的口味和需求。他们对戏曲艺术的改编和创新推动了其多样化的发展,为观众带来了更加丰富和精彩的戏剧体验。

再者,盐商也推动了天津饮食文化的发展。"民以食为天",而盐业又作为满足人们口腹之需的重要行业,盐商自然也不能忽视饮食文化的重要性。并且,他们常常与文人雅士相聚,共同欣赏南北俊才的才艺。在此过程中,他们以美酒佳肴为交流的媒介。这种文化现象与盐商家族的生计密切相关,且在社会变革之前很难轻易改变,这使得他们在饮食方面十分讲究。譬如盐商查氏的水西庄(见图4.10),乾隆皇帝四次驻跸,该地设有规

第四章 盐商的社会功用及影响

图4.10 水西庄

（图片出处：《档案话"长芦"》第三集·长芦风尚（上），档案天地，2021年第6期，第15-18页。）

模庞大的"膳房"，大批名厨待命掌灶，制作菜肴的品种和口味四季有别，用料精细，以"鲜""嫩""名""贵"为特点，名菜云集、珍馐全备、规格高超。乾隆皇帝驻跸水西庄时，朝廷官吏及皇亲国戚随"安福舻"号龙船而来者数百人，加上地方官吏与寓居水西庄的南北名流，在水西庄内酬唱应和。水西庄为皇帝做出了由128道茶点及菜肴组成的"满汉全席"，献尽名吃，如河豚海蟹、蚬蛭鹿脯、黄芽春笋、铁雀银鱼、青鲫白虾、藤萝饼、三水香干、炉（卤）煮野鸭等。水西庄对于陈元龙、钱陈群等高官显贵和朱彝尊、厉鹗、张问陶、赵执信、杭世骏、汪沆等名流学者，都有高规格的礼遇，备有专馆专室（如汪沆专馆位于水西庄之香雨楼，赵执信专室位于查氏于斯堂）供他们居住。除配有男侍女婢外，每日因人设宴配食，使嘉宾随时能吃到各自家

179

盐　　商

乡的名菜珍馐，也可任意点食各地佳肴，尽得美食之乐趣。[①]足可见盐商饮食文化之发达，同时带动了天津的饮食文化。

最后，便是推动天津教育的发展。长芦盐商家族"重教兴学"，在天津地方教育的发展进程中扮演着重要角色。天津的地方教育体系相对较晚形成，而长芦盐商成为办学和兴学的主要推动力量。长芦盐商家族的重教兴学不仅仅是个人家族的行为，更是对社会发展的积极参与。他们深知教育对社会进步的重要性，因此将自己的财力和资源投入教育事业中，助力当地的教育事业迈上新的台阶。"重教兴学"一方面体现在盐商通过大量捐输来换取加大学生名额。在清朝，盐商加大捐输有时可以得到皇帝的奖励，而他们提出加大名额的要求，可以使当地入仕名额增加。足可见盐商对于当地教育的重视；另一方面，"重教兴学"还体现在盐商修义学、官学以及修建书院的举措上，这些举措都促进了当地教育的发展。

当时部分盐商对于发展教育的重视，既是出于家世渊源，也与时局发展关系密切。例如，天津的严氏家族便是一例。严修的父亲自身拥有深厚的文学造诣，并高度重视后代的教育。严修所接受并非僵化的"闭门读经"式教育，而是注重关心民生疾苦并将学问运用于实践的教育。在严修的成长过程中，父亲一直教导他要关注民生疾苦，并将所学知识用于实际生活。这种特殊的教育方式对严修后来产生深远影响，使得严修对教育持有一种开

[①] 若禹：《漫谈水西庄的饮食与服装》，《天津文史·水西庄研究专辑》，1997年第8期，第57页。

放和包容的态度，并追求学以致用。严修又目睹了晚清外国的侵略对我国造成的灾难。他深刻意识到，只有发展现代教育，才能挽救国家于危难。

为了深入了解现代教育的成就，严修前往日本进行考察，汲取日本现代教育的经验，并怀着对教育事业的使命感回国，积极推动现代化教育改革。他着重推动女子学校和民办小学的建设，积极培养人才，推动国家的现代化进程。与此同时，他并未完全否定传统教育的价值，而是注重从传统文化中获得启发，将传统价值与现代教育相融合。他明确了自己的教育理念，强调学以致用的原则，不仅注重知识的传授，更注重教导学生关心民生疾苦，培养为国家服务的能力。他还积极创办各类学校，重视普及教育，尤其重视师范专业。严修在教育方面的努力使中国的现代教育迈上了新的台阶。正是因为有了严修这样的教育家，天津的教育事业才得以蓬勃发展。[1]

盐商在促进地方教育发展的过程中，不容忽视的是其对于女性教育做出的贡献。中国封建传统社会几乎就是父权制社会，认为"女子无才便是德"，但明清时期却产生了一个人数颇多的女性诗人群体。[2]这类女性，不少出自盐商家族，如天

---

[1] 齐植璐：《天津近代著名教育家严修》，中国人民政治协商会议天津市委员会文史资料研究委员会编：《天津文史资料选辑》第25辑，1983年，第11-29页。

[2] ［美］孙康宜：《明清文人的经典论和女性观》，《江西社会科学》，2004年第2期，第206-211页。

盐　　商

津盐商家族便是其中代表。盐商家族重视女子教育也有一些特定因素，天津是一座"移民城市"，许多盐商是从江南北上。他们的到来不仅带来了财富，还吸引了来自大江南北的文人墨客。这类移民群体对天津的文化发展产生了深远的影响，特别是在"女学"方面，在长芦盐商和士大夫家族的引领下，天津逐渐形成了一种欣赏、尊重和鼓励"才女"的文化氛围。这种氛围促使天津的"闺秀"文化蓬勃发展，并成为一种根深蒂固的传统。同时，这种文化的形成也对近代天津女子教育的转型起到推动作用。

天津的这些"闺秀"大多出身于长芦盐商家族或士大夫家族，这些家族又多来自江南，因此，在一定程度上，天津的"闺秀"文化可以被看作江南才女文化在这座城市的"余波"或者"分支"。盐商家族普遍对女性写作诗词歌赋表现出欣赏和宽容的态度。他们不仅在经济上给予女性教育支持，而且在文化上给予认可和包容，这些盐商家族成为促进女性知识分子发展的重要力量。这一现象的出现与当时社会的特殊状态不无关系，在封建社会，男子可以通过学习科举考取功名，为家族事业助一臂之力，但是女子不可以，又迫于当时社会大环境，女子受教育的范围相对固化，一般为文风较为浓郁且氛围较为宽松的家族。这也是当时多有才女出自盐商家族的原因。而且，盐商家族也会着重培养女子，如前文提及的严修，为了发展女子教育，效仿日本建立女子私塾。他推动了中国第一个女学章程的制订与公布及各项

第四章 盐商的社会功用及影响

学校章程的初步完善，亦推动设立京师女子师范学堂。①

盐商文化已经深深融入天津的城市文化中，成为这座城市血脉中不可或缺的一部分。它为天津市民文化的兴起提供了丰富的源泉和深厚的底蕴。盐商文化在天津的传承与发展，为这座城市赋予了独特的特色和魅力。盐商们通过长期的经营与贸易活动，积累了丰富的财富与社会资源。同时，他们也注重文化的传承与培养，将自己所崇尚的价值观融入城市的日常生活中。盐商们不仅仅关注商业利益，更重视对文化的扶持和推动。他们资助文艺团体、赞助学校教育，以及举办各种文化活动，为天津市民提供了丰富多彩的文化享受。这种文化涵养不仅在艺术表演领域有所体现，还渗透到人们的日常生活和价值观念中。盐商文化的内化与天津市民的血脉性情紧密相连。市民们对盐商文化的认同与热爱，使得这种文化成为天津城市精神的重要组成部分。无论是在人们的语言、行为还是审美观念中，都能看到盐商文化的痕迹。因此，盐商文化为天津市民文化的兴起提供了丰富的渊源与深厚的涵养。它不仅让天津成为一个文化繁荣的城市，也为市民们提供了共同的文化认同和归属感。盐商文化的内化与传承，将继续激发天津市民的创造力和文化热情，为城市的发展与繁荣做出积极的贡献。

---

① 齐植璐：《天津近代著名教育家严修》，中国人民政治协商会议天津市委员会文史资料研究委员会编：《天津文史资料选辑》第25辑，1983年，第21页。

盐　　商

六、消费文化

盐商凭借食盐的专卖权积累了巨额财富，他们将大量的财富用于奢侈消费。正如雍正皇帝所言：各处盐商，内实空虚而外事奢侈，衣物屋宇，穷极华靡，饮食器具，备求工巧……服食起居，同于仕宦，越礼犯分，周知自检，骄奢淫逸，相习成风，各处盐商皆然，而淮扬尤甚。[1]足可见盐商生活之奢靡，也因如此，盐商成为城市消费文化的突出代表。

（一）盐商在衣、食、住、行等物质方面的消费

盐商奢靡的消费观首先便体现在物质生活方面，即衣、食、住、行等方面。

1. 服饰

盐商不仅在居住与饮食上投入大量资金，在服饰上也花费不菲。他们追求豪华、独特和精致的装饰，以彰显自己的社会地位和身份。在衣物材质的选择上，他们倾向于使用高档的面料，如丝绸、绢布和珍贵的皮草。这些材料不仅具有舒适的触感，还是盐商们财富和地位的表现。同时，盐商追求衣物的款式和剪

---

[1] 嘉庆《两淮盐法志》"杂记"，转引自王伟康：《两淮盐商与扬州经济》，南京广播电视大学学报，2005年第3期，第36页。

第四章 盐商的社会功用及影响

裁，他们喜欢选择时尚的款式，并进行个性化的设计和定制。如"女衫以二尺八寸为长，袖广尺二，外护袖以锦绣镶之。冬则用貂狐之类，裙式以缎裁剪作条，每条绣花两畔，镶以金线，碎逗成裙，谓之凤尾。近则以整缎折以细缝，谓之百折。其二十四折者为玉裙"。[1]衣服的剪裁和设计注重展现盐商的身材和气质以及他们的独特风格和品位。

2. 饮食

在饮食方面，盐商也凭借其资财和影响力贡献良多，如在贵州，盐商的出现及其活动催生了"茅台酒文化"等饮食文化形态。扬州盐商更是凭借雄厚的实力和地位，在饮食宴请方面不遗余力，对当地饮食风气产生了重要影响。

曹聚仁曾如此描述扬州盐商对于饮食的影响，"扬州的吃，就是盐商培养起来的"[2]。扬州盐商之宴席排场堂皇，不惜花费巨资，精心布置场地，摆设精美的餐桌，摆满各种珍馐美味。客人们沉浸在热闹喜庆的氛围中，尽情享受着盛宴的美好，其场面之盛大令人难忘。此外，扬州盐商也懂得如何款待文人名士和接待官员。他们为来访的文人名士安排雅集，提供高雅的文化交流场所，展示扬州的文化底蕴和艺术氛围。对官员的接待更

---

[1] 〔清〕李斗：《扬州画舫录》，北京：中华书局，1984年，卷九。转引自：龚良主编《江苏省文物科研课题成果汇编》（2004—2006），南京师范大学出版社，2010年，第323页。

[2] 曹聚仁：《万里行记》，福州：福建人民出版社，1983年，第159页。

盐　　商

是彰显实力和示好的机会，他们会精心安排接待场所，提供一流的服务，以展示自己的社会地位和影响力。无论是豪华的家宴还是高雅的文化交流，都彰显了盐商们的社会地位和对客人的尊重与热情款待。

从烹饪方面看，扬州盐商更是竭尽所能，"扬州盐商几乎每一家都有头等好厨子，都有一样著名的拿手好菜或点心。盐商请客，到各家借厨子，每一厨子，做一个菜，凑成一整桌"①。今天扬州成为"美食之都"，盐商的带动实在是功不可没。盐商以其苛刻的食材选择和精湛的烹饪工艺而闻名。他们对菜肴的制作要求极高，追求菜品的原材料和制作过程的卓越性。在食材选择方面，扬州盐商只挑选最上等的食材。无论是海鲜、蔬菜还是草药，他们都追求品质的卓越和新鲜程度。他们严格筛选食材，确保菜肴的口感和风味达到最佳水平。曾有这样一段关于盐商黄均太对食材挑剔的程度的记载，作为两淮八大盐商之冠，"晨起饵燕窝，进参汤，更食鸡卵二枚。一日无事，翻阅簿记，见卵二枚下，注每枚纹银一两。黄诧曰：'卵值即昂，未必如此之巨。呼庖人至，责以浮冒。'庖人曰：'每日所进之鸡卵，非市上购者可比。每枚一两，价犹未昂。主人不信，请别易一人，试尝其味。'言毕告退。黄遂择一人充之，其味迥异于昔，一易再易，仍如是，意不怿，仍命旧庖人服役。翌日，以鸡卵进，味如

---

① 曹聚仁：《万里行记》，福州：福建人民出版社，1983年，第159页。

第四章　盐商的社会功用及影响

初，因问曰：'汝果操何术而使味美若此？'庖人曰：'小人家中畜母鸡百头，所饲之食皆参术耆枣等，研末掺入，其味故若是之美。主人试使人至小人家中一观，即知真伪。'黄遣人往验，果然，由是重复用之"①。从这则材料中，可以看出盐商饮食之奢侈。

在烹饪过程中，盐商厨师注重细节和精确操作，他们熟练掌握各种烹饪技巧，懂得如何掌握火候和调味，以呈现出最佳的菜肴效果。他们追求菜肴的色、香、味、形的协调，力求将菜品完美呈现。他们还具备出色的创造力，善于将不同的食材巧妙地组合，创造出独特的菜肴口味。

不光是食材和烹饪，对于食器的选择和搭配，盐商也很讲究。他们追求精致、雅致且恰到好处的器具，以此来提升用餐的氛围和品质，使整个用餐过程更加愉悦和舒适。他们注重细节，从饮食器物的形状、纹饰到质感，都追求完美，努力营造独特的视觉享受和美感。

因为对饮食的极致追求，两淮盐商最终促进了淮扬菜这一著名菜系的形成和发展。《扬州画舫录》曾记载："烹饪之技，家庖最胜。如吴一山炒豆腐，田雁门走炸鸡，江郑堂十样猪头，江南溪拌鲟鳇，施胖子梨丝炒肉，张四回子全羊，汪银山没骨鱼，江文密蛼螯饼，管大骨董汤，鲟鱼糊涂，孔元切庵螃蟹面，

---

① 易宗夔：《新世说》卷7，《汰侈》，沈云龙主编：《近代中国史料丛刊》，台湾文海出版社，1958年，第555-556页。

盐　　商

文思和尚豆腐，小山和尚马鞍乔，风味皆臻绝胜。"①由此可见，盐商家厨以其卓越的烹饪技艺广受赞誉，在烹调技艺上也的确追求卓越，注重烹饪方法的创新和食材的选择。他们秉持着独特的烹饪理念，勇于尝试新的烹调技巧，将各种独特的烹饪方法巧妙地融入菜品中，从而创造出令人赞叹的美味佳肴，大大丰富了淮扬菜系的烹饪技艺。

3. 住所

对于"住"，盐商，尤其两淮盐商的要求非常高，"盐商们不惜巨资，不计工本，购景色秀丽之地，造玲珑华美之园。扬州的虹桥、瘦西湖一带为风景秀丽之处，盐商亭园、别墅、星罗棋布，名闻中外。洪氏的大虹园、江春的江园、黄氏的趣园、郑氏的桃花坞、吴氏的别墅、徐氏的水竹居都荟萃于此"②。这些住宅不仅是豪华的居所，更是展现盐商身份和社会地位的象征。他们追求独特的建筑风格和精致的装饰，从选材到设计都力求精益求精。园亭中常见曲桥曲径、流水飞瀑，花木扶疏，形成一片美丽的景色，别墅内部则布置典雅、奢华的家具和装饰品，营造出富丽堂皇的氛围。这些精心打造的住宅不仅彰显了盐商们的财富和品位，更展示了他们对享乐生活的追求。在这些富丽堂皇的

---

① 〔清〕李斗：《扬州画舫录》卷11，广陵书社，2014年，第191页。
② 宋良曦：《盐史论集》，成都：四川出版集团；成都：四川人民出版社，2008年，第205页。

第四章 盐商的社会功用及影响

住宅中，盐商经常举办盛大宴会和进行各种娱乐活动。这些豪华住宅不仅是盐商们财富与地位的象征，也是城市独特的风景线。

4. 精神及娱乐享受

盐商已经不满足于衣、食、住、行这些基本的物质方面给他们带来的满足，转而将目光投向精神享受方面。他们喜欢看戏并且为此投入大量银两，盐商家里有私人戏班，征聘四方名伶，演戏一出，赏赠千金。仅供家宴演出，每年就得花几万两银子。[①]不仅仅是在此方面，出于炫耀以及维持自己独特身份的原因，他们还在许多事务上投入甚大，如《扬州画舫录》所记载："盐商或好马，蓄马数百，每马日费数十金。朝自内出城，暮自城外人。五花灿著，观者目炫；盐商或好兰，自门以至于内室，置兰殆遍。或以木作裸体妇人，动以机关，置诸斋阁。往往座客为之惊避。"[②]

总之，盐商对当地的影响不仅限于物质层面消费，还包括精神层面消费，这两方面的影响对地方社会都产生了深远影响。

[①] 朱世良等编：《徽商史话》，合肥：黄山书社，1992年，第22页。
[②] 〔清〕李斗撰，汪北平、涂雨公点校：《扬州画舫录》卷16，《城北录》，《历代史料笔记丛刊》，北京：中华书局，1960年，第372-373页。

盐　　商

（二）推动社会风气的变化

盐商的奢侈性消费对当时社会风气产生了一定影响，如《钦定大清会典事例》所记载的"骄奢淫佚，相习成风。各处盐商皆然。而淮扬为甚。使愚民尤而效之"[①]。最初民风淳朴，后来发展为："今渐以侈焉，少者易飘，富者易汰，贫者易羞，然厌常而喜新好，品藻而善讥评……而地冲货集，商旅并凑，故其民操赢者服贾，握筹者驵侩，土旷而值货，罔事农业，故其腴田多归他邑，巨室猝遇俭岁，居民鲜自保者，平居服食丰洁，栋宇换新，婚丧宴会竟以华褥相高，或歌舞宴游糜务精业，骎骎乎奢逸矣。"[②]盐商的奢侈性消费引发当时社会风气的转变，百姓虽然与富商相比在财富方面存在差距，但对盐商之喜好颇有模仿之势，相对于自身的收入水平，人们的消费行为也呈现出明显的奢侈倾向。无论是日常开支还是娱乐休闲，人们更倾向于高档的选项。虽然不同个体的消费能力可能有所不同，但相对于自身的经济状况，他们也在力所能及的范围内选择奢侈的方式进行消费。

社会风气的转变对人们的消费心理产生影响。盐商们对奢华生活的追求离不开金钱的支持，这种以金钱为媒介的消费观念影响

[①]〔清〕昆冈等辑：《钦定大清会典事例》卷231，续修四库全书本，第801册，第876页。

[②]〔清〕王检心修：道光《重修仪征县》卷3，《风俗志》，《中国地方志集成》，《江苏府县志辑》45，南京：江苏古籍出版社，1998年，第54页。

着许多人的思维。单纯依靠种植农作物所得收入,很难支撑如此奢华的生活方式。部分时人面对盐商们"俳优伎乐,恒舞酣歌"的生活时,除了表现出羡慕和渴望,不可避免地产生追求这种生活的意愿,他们从盐商们的生活方式中看到了机会和可能性。因此,不断追求实现这种生活方式的途径之一,便是抛弃农业转为经营商业,故而当时社会上便出现"当江淮之冲要,俗喜商贾,不事农业,四方客旅,杂寓其间,人物富庶,为诸邑最"的现象。[①]

七、社会公益和慈善事业

盐商在追求巨额利润的同时,也将财富回馈给社会,为民间社会公益和慈善事业的发展作出了重要贡献。

(一)基础设施

基础设施,如道路桥梁和水利设施,对于人民的日常生活具有至关重要的影响。然而,在传统社会中,由于地方政府缺乏必要的资金支持,这些基础设施的建设常常滞后。在大多数情况下,民间资助成为支撑这些基础设施建设的主要后盾。盐商资助作为民间资助的重要部分,成为推动基础设施建设的重要

---

① 〔清〕姚文田等撰:嘉庆《重修扬州府志》卷60,《风俗志》,《中国地方志集成》,《江苏府县志辑》42,南京:江苏古籍出版社,1998年,第367页。

盐　　商

力量（见图4.11）。两淮盐商鲍光甸"治坏道，葺废桥"①；汪洪"业鹾于海上"，经商获得成功后，积极捐资"佐城筑、修桥道、构路亭"②；吴之骏不仅自己捐资，而且"倡集同人构造，凡两易寒暑始竣工"③；马曰琯和马曰璐马氏兄弟开掘扬州沟渠，修筑鱼亭孔道，时人赞誉"以济人利物为本怀，以设诚致行

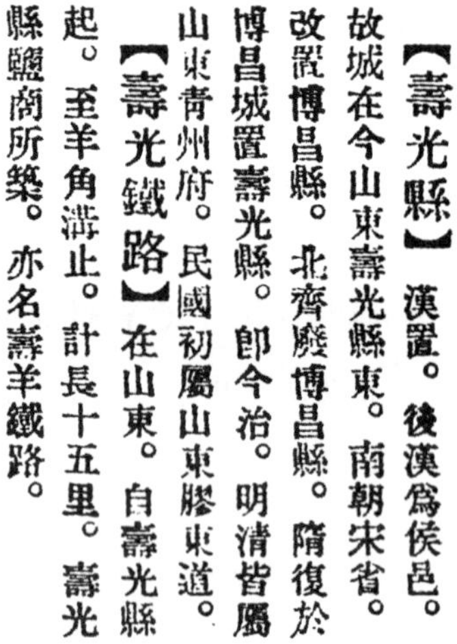

【壽光縣】漢置。後漢為侯邑。故城在今山東壽光縣東。南朝宋省。改置博昌縣。北齊廢博昌縣。隋復於博昌城置壽光縣。即今治。明清皆屬山東青州府。民國初屬山東膠東道。

【壽光鐵路】在山東。自壽光縣起。至羊角溝止。計長十五里。壽光縣鹽商所築。亦名壽羊鐵路。

图4.11　盐商捐助寿光铁路建设

（图片出处：臧励和等编：《中国古今地名大辞典》，上海：商务印书馆，1931年，第1084页。）

---

① 石国柱等：《民国歙县志》，1937年铅印本，卷九：《人物志·义行》）

② 张海鹏，王廷：《明清徽商资料选辑》，合肥：黄山书社，1985年，第122页。

③ 张海鹏，王廷元：《明清徽商资料选辑》，合肥：黄山书社，1985年，第133页。

为实务"[1]；等等。这些盐商勇于承担责任，积极投入资金和资源，修筑道路、建造桥梁和兴修水利工程，为改善社会交通和灌溉条件作出了突出贡献。这些努力不仅为地区的经济交流和发展创造了有利条件，也给民众的生活带来了实实在在的改善。

（二）救灾济荒

在古代，社会公益事业如救灾济荒，除了依赖政府的资助，更多时候还要依靠宗族和邻里的互助。特别是在乡村，宗族和邻里的支持显得尤为重要。然而，由于经济条件的限制，宗族和邻里的援助往往受到限制。盐商参与救济灾荒（见图4.12），使得这一困境得到些许改变，不少盐商投资创建义仓、开展灾荒赈济和救助孤寡弱势群体等活动，将义务与利益相结合。盐商向灾区提供物资和资金支持，帮助受灾群众渡过难关。他们的慷慨捐助和无私奉献，为灾区带来了及时的援助，减轻了灾情带来的苦难。例如，嘉庆十年（1805），洪泽湖发生特大水灾，两淮总商鲍志道之子鲍漱芳先集议公捐米6万石助赈，并"赴泰州躬亲督视"。后又"力请公捐麦4万担，展赈两月，所存活者不下数万人"。灾后，因河道严重淤塞，急需疏浚，鲍氏又"集众输银

---

[1] 张健：《清代徽州藏书家与文化传播研究》，芜湖：安徽师范大学出版社，2015年，第184页。

盐　　商

图4.12　盐商王应庚等捐银救灾

（图片出处：（清）王定安撰：《重修两淮盐法志》第146卷《捐输门》，清光绪三十一年刻本，第3页。）

三百万两以佐工需"。①盐商在这样危急情况下的努力参与不仅为社会带来应急的、实质性的帮助，同时也体现了他们对社会责任的认识和担当。他们慷慨解囊，积极为改善社会福利而努力。这种行为不仅树立了盐商的榜样，也激励其他商人以更强的社会责任感来经营业务。

---

① 吴海波：《两淮盐商与清代社会公益事业》，《湖南工程学院学报》，2008年第1期，第58页。

（三）教育义捐

前文已述，教育是盐商们关注的一个重点领域。他们慷慨捐资助学，为年轻人提供接受教育的机会。他们深信教育不仅能够改变个人命运，还可以改变国家命运。因此积极投入资金，支持学校建设和设立奖金，帮助更多年轻人接受教育。古代的书院、书屋和私塾的建设，除了部分资金来自地方政府和宗族的资助，更多的资金需要依赖民间的捐赠。作为盐商，他们积极参与教育事业的捐赠和支持，如积极出资修建官学机构，为当地学生提供受教育场所。他们的捐赠不仅表现出对教育的高度重视，也体现了对家乡教育事业的责任和担当。这些慷慨捐赠为教育提供了必要的经费，改善了学生们的学习环境，不仅提升了教育质量，也为年轻一代提供了更多接受教育的机会。

参考文献

一、古籍文献

A．正史，实录，政书与奏议类

[1] 〔汉〕司马迁．史记[M]．北京：中华书局，1963．

[2] 〔汉〕班固．汉书[M]．北京：中华书局，1962．

[3] 〔南朝〕范晔．后汉书[M]．北京：中华书局，1965．

[4] 〔宋〕欧阳修．新唐书[M]．北京：中华书局，1975．

[5] 〔明〕宋濂等．元史[M]．北京：中华书局，1976．

[6] 〔清〕张廷玉．明史[M]．北京：中华书局，1974．

[7] 赵尔巽，等．清史稿[M]．北京：中华书局，1977校点本．

[8] 〔明〕姚广孝，等，撰．明实录[M]．台北：台湾"中央研究院"历史语言研究所，1962．

[9] 清世祖实录[M]．北京：中华书局，1985．

[10] 〔清〕张廷玉，等，修．清文献通考[M]．杭州：浙江古籍出版社，2000．

[11] 〔清〕刘锦藻，撰．皇朝续文献通考[M]．续修四库全书本．

[12] 〔清〕李煦．苏州织造李煦奏折，近代中国史料丛刊[M]．台北：文海出版社，1977．

[13] 〔清〕陶澍．陶云汀先生奏疏[M]．续修四库全书本．

[14] 中国第一历史档案馆：康熙朝汉文朱批奏折汇编[M]．北京：档案出版社，1985．

[15] 中国第一历史档案馆：康熙朝汉文朱批奏折汇编[M]. 南京：江苏古籍出版社，1991.

[16] 皇清奏议[M]. 续修四库全书本.

[17] 〔清〕高晋. 南巡盛典[M]. 台北：文海出版社有限公司，1971.

[18] 清高宗实录[M]. 北京：中华书局，1985.

B．盐法志类

[1] 〔清〕朱廷立，撰. 盐政志[M]. 续修四库全书本.

[2] 〔明〕邱濬，编. 盐法考略[M]. 北京：中华书局，1985.

[3] 〔清〕谢开庞，纂. 康熙两淮盐法志[M]. 台北：台湾学生书局，1966.

[4] 〔清〕王定安，等，修. 重修两淮盐法志[M]. 续修四库全书本.

[5] （道光）两淮盐法议，稀见明清经济史料丛刊[M]. 北京：国家图书馆出版社，2009.

[6] 〔清〕童濂，纂. 淮北票盐志略[M]. 四库未收书辑刊本.

[7] 〔清〕莽鹄立，等，撰. 山东盐法志[M]. 北京：北京出版社，2000.

[8] （乾隆）两广盐法志，稀见明清经济史料丛刊[M]. 北京：国家图书馆出版社，2009.

[9] （道光）福建盐法志，稀见明清经济史料丛刊[M]. 北京：国家图书馆出版社，2009.

[10] 〔清〕苏昌臣，辑. 河东盐政汇纂[M]. 续修四库全书本.

[11] 〔清〕蒋兆奎，撰. 河东盐法备览[M]. 北京：北京出版

社，2000.

[12] 〔清〕段如蕙，总纂. 新秀长芦盐法志[M]. 续修四库全书本.

[13] 〔清〕黄掌纶，等，撰. 长芦盐法志[M]. 续修四库全书本.

[14] 〔清〕延丰，等，撰. 钦定重修两浙盐法志[M]. 续修四库全书本.

[15] 〔清〕丁宝桢，等，修撰. 四川盐法志[M]. 续修四库全书本.

C. 地方志类

[1] 〔清〕嵇曾筠，等，修. 浙江通志[M]. 台北：台湾商务印书馆，1986.

[2] 〔清〕赵弘恩，等，修. 江南通志[M]. 文渊阁四库全书本.

[3] 〔清〕卞宝第，李瀚章，等，修. （光绪）湖南通志[M]. 续修四库全书本.

[4] 〔清〕迈柱，等，修. 湖广通志[M]. 文渊阁四库全书本.

[5] 〔清〕觉罗石麟，等，监修，储大夫，等，编撰. 山西通志[M]. 文渊阁四库全书本.

[6] 〔清〕沈葆桢，吴坤修，等，修. （光绪）重修安徽通志[M]. 续修四库全书本.

[7] 〔清〕刘于义，等，修. 陕西通志[M]. 文渊阁四库全书本.

[8] 〔清〕岳濬，等，修. 山东通志[M]. 台北：台湾商务印书馆，1986.

[9] 〔清〕黄延桂，等，修. 四川通志[M]. 台北：台湾商务印书馆，1986.

[10] 〔清〕李鸿章，等，修. （光绪）畿辅通志[M]. 续修四

库全书本.

[11] 〔清〕鄂尔泰,等,修. 云南通志[M]. 文渊阁四库全书本.

[12] 〔清〕田文静,等,修. 河南通志[M]. 文渊阁四库全书本.

[13] 〔清〕郑澐,修. (乾隆)杭州府志[M]. 续修四库全书本.

[14] 〔清〕尹会一,等,修. 扬州府志,中国方志丛书[M]. 台北:成文出版社,1970.

[15] 〔清〕李铭皖,等,修. 苏州府志,中国方志丛书[M]. 台北:成文出版社,1970.

[16] 〔清〕阿克当阿,修,姚文田,等,纂. 嘉庆重修扬州府志[M]. 扬州:广陵书社,2006.

[17] 〔清〕方濬颐,修. (同治)续纂扬州府志[M]. 南京:江苏古籍出版社,1990.

[18] 〔清〕赵吉士,纂. (康熙)徽州府志,中国地方志丛书[M]. 台北:成文出版社,1974.

[19] 〔清〕万青黎,纂. (光绪)徽州府志[M]. 续修四库全书本.

[20] 〔清〕沈家本,等,修. 天津府志,中国地方志丛书[M]. 上海书店出版社,2004.

[21] 〔清〕李亨特,修. (乾隆)绍兴府志[M]. 南京:江苏古籍出版社,1990.

[22] 〔清〕许承尧,纂. (民国)歙县志[M]. 南京:江苏古籍出版社,1990.

[23] 〔清〕俞樾,纂. (光绪)镇海县志[M]. 续修四库全书本.

[24] 〔清〕王杉,修. (光绪)海盐县志[M]. 南京:江苏古籍出版社,1990.

[25] 〔清〕王检心,修. 仪征县志[M]. 南京:江苏古籍出版

社，1991．

[26] 〔清〕余云耕，修．（乾隆）婺源县志，中国地方志丛书[M]．台北：成文出版社，1985．

[27] 〔清〕黄应昀，修．（道光）婺源县志，中国地方志丛书[M]．台北：成文出版社，1985．

[28] 〔清〕白清恺，修．绩溪县志，中国地方志集成[M]．南京：江苏古籍出版社，1998．

[29] 〔清〕廖腾煃，修．（康熙）休宁县志，中国地方志集成[M]．台北：成文出版社，1970．

[30] 〔清〕吴甸华，修．黟县志，中国地方志集成[M]．南京：江苏古籍出版社，1998．

[31] 〔清〕高士钥，修．江都县志，中国地方志集成[M]．南京：江苏古籍出版社，1991．

[32] 张荣生．南通盐业志[M]．凤凰出版社，2012．

D．文集，笔记类

[1] 〔清〕孙承泽，著，王剑英，点校．春明梦余录[M]．北京：北京古籍出版社，1992．

[2] 〔清〕李斗．扬州画舫录[M]．续修四库全书本．

[3] 〔清〕魏源．古微堂集[M]．续修四库全书．

[4] 〔清〕陶澍　陶文毅公全集[M]　续修四库全书．

[5] 〔清〕张履祥．杨园先生全文集[M]．北京：中华书局，2002．

[6] 〔清〕曾国藩．曾文正书札[M]．续修四库全书本．

[7] 〔清〕李渔．闲情偶寄[M]．续修四库全书本．

[8] 〔清〕徐珂编．清稗类钞[M]．北京：中华书局，1986．

[9] 〔清〕钱泳. 履园丛话[M]. 续修四库全书本.

二、今人著作与论文

A. 国内著作，资料汇编

[1] 赵津. 范旭东企业集团历史资料汇编[M]. 天津：天津人民出版社，2006.

[2] 郭正忠. 中国盐业史（古代编）[M]. 北京：人民出版社，1997.

[3] 郭正忠. 宋代盐业经济史[M]. 北京：人民出版社，1990.

[4] 吴海波. 中国盐业史学术研究一百年[M]. 成都：巴蜀书社，2010.

[5] 曾仰丰. 中国盐政史[M]. 上海：三联书店，2014.

[6] 王瑜，朱正海. 盐商与扬州[M]. 南京：江苏古籍出版社，2001.

[7] 陈锋. 清代财政政策与货币政策研究[M]. 武汉：武汉大学出版社，2008.

[8] 韦明铧. 两淮盐商[M]. 福州：福建人民出版社，1999.

[9] 关文斌. 文明初曙　近代天津盐商与社会[M]. 天津：天津人民出版社，1999.

[10] 谢国桢. 明代社会经济史料选编[M]. 福州：福建人民出版社，1980.

[11] 牛贯杰. 17—19世纪中国的市场与经济发展[M]. 合肥：黄山书社，2008.

[12] 朱彤. 细数晋商成与败[M]. 北京：京华出版社，2006.

[13] 张正明. 中国晋商研究史论[M]. 北京：人民出版社，2006.
[14] 张海鹏，王廷元. 明清徽商资料选编[M]. 合肥：黄山书社，1985.
[15] 宋良曦. 盐史论集[M]. 成都：四川人民出版社，2008.
[16] 曾凡英. 盐文化研究论丛[M]. 成都：巴蜀书社，2006.
[17] 张海鹏，王廷元. 徽商研究[M]. 合肥：安徽人民出版社，1995.
[18] 郭艳茹. 经济史中的国家组织结构变迁：以明清王朝为例[M]. 北京：中国财政经济出版社，2008.
[19] 朱万曙. 徽学[M]. 合肥：安徽大学出版社，2006.
[20] 曹永森. 扬州特色文化[M]. 苏州：苏州大学出版社，2006.
[21] 陈明光. 中国古代的纳税与应役[M]. 北京：商务印书馆，1996.
[22] 程念祺. 国家力量与中国经济的历史变迁[M]. 北京：新星出版社，2006.
[23] 邵毅平. 中国文学中的商人世界[M]. 上海：复旦大学出版社，2005.
[24] 王廷元，王世华. 徽商[M]. 合肥：安徽人民出版社，2005.
[25] 潘小平. 徽商 正说明清中国第一商帮[M]. 北京：中国广播电视出版社，2005.
[26] 刘建生，刘鹏生，等. 晋商研究[M]. 太原：陕西人民出版社，2005.
[27] 陈亚平. 清代法律视野中的商人社会角色[M]. 北京：中国社会科学出版社，2004.
[28] 陈然. 中国盐业史论丛[M]. 北京：中国社会科学出版社，

1987.

[29] 钞晓鸿. 明清史研究[M]. 福州：福建人民出版社，2007.

[30] 赵毅. 明清史抉微[M]. 长春：吉林人民出版社，2007.

[31] 罗冬阳，赵轶峰. 李洵先生纪念文集[M]. 长春：东北师范大学出版社，2004.

[32] 赵轶峰. 学史丛录[M]. 北京：中华书局，2005.

[33] 傅衣凌. 明清社会经济变迁论[M]. 北京：中华书局，2007.

[34] 欧阳琛，等. 明清中央集权与地方经济[M]. 北京：中国社会科学出版社，2002.

[35] 李三谋. 明清财经史新探[M]. 太原：山西经济出版社，1990.

[36] 吴晗，费孝通. 皇权与绅权[M]. 天津：天津人民出版社，1988.

[37] 李洵. 下学集[M]. 北京：中国社会科学出版社，1995.

[38] 丁长清. 民国盐务史稿[M]. 北京：人民出版社，1990.

[39] 陈锋. 清代盐政与盐税[M]. 郑州：中州古籍出版社，1988.

[40] 山东师范大学历史系中国近代史研究室. 清实录山东史料选[M]. 济南：齐鲁书社，1984.

[41] 曾小萍. 自贡商人[M]. 南京：江苏人民出版社，2014.

[42] 唐润明. 抗战时期大后方经济开发文献资料选编[M]. 重庆：重庆出版社，2012.

[43] 赵津. "永久黄"团体档案汇编[M]. 天津：天津人民出版社，2010.

[44] 张长虹. 明末清初徽商艺术赞助研究[M]. 北京：北京大学出版社，2010.

[45] 梁方仲. 明清赋税与社会经济[M]. 北京：中华书局，2008.

[46] 吴琦. 漕运，群体，社会——明清史论集[M]. 武汉：湖北人民出版社，2007.

[47] 陈锋. 清代盐政与盐税[M]. 郑州：中州古籍出版社，1988.

[48] 熊月之，熊秉真. 明清以来江南社会与文化论集[M]. 上海：上海社会科学院出版社，2004.

[49] 曾仰丰. 中国盐政史[M]. 上海：商务印书馆，1984.

[50] 吴慧，李明明. 中国盐法史[M]. 台北：台湾文津出版社，1997.

[51] 张小也. 清代私盐问题研究[M]. 北京：社科文献出版社，2001.

[52] 李伯重. 理论、方法、发展趋势：中国经济史研究新探[M]. 北京：清华大学出版社，2002.

[53] 刘淼. 明代盐业经济研究[M]. 汕头：汕头大学出版社，1996.

[54] 山东省盐务局. 山东省盐业志[M]. 济南：齐鲁书社，1992.

[55] 黄国信. 区与界：清代湘粤赣界邻地区食盐专卖研究[M]. 北京：生活·读书·新知三联书店，2006.

[56] 王振忠. 明清徽商与淮扬社会变迁[M]. 北京：生活·读书·新知三联书店，2014.

[57] 曾凡英. 中国盐文化[M]. 北京：中国经济出版社，2015.

[58] 邓长富. 自流井盐业世家[M]. 成都：四川人民出版社，1995.

[59] 王群华. 王三畏堂和李陶淑堂家族史[M]. 香港：香港天马出版有限公司，2007.

盐　　商

B．国外著作

[1]　［日］寺田隆信．山西商人的研究[M]．张正明，译．太原：山西人民出版社，1986．

[2]　［日］鹤见尚弘．中国明清社会经济研究[M]．姜镇庆，等，译．北京：学苑出版社，1989．

[3]　［澳大利亚］安东篱．说扬州：1550—1850年的一座中国城市[M]．北京：中华书局，2007．

[4]　［美］TORBER P M. The Ch'ing Imperial Household Department: A Study of Its Organization and Principal Functions, 1662-1796[M]．Cambridge:Harvard University Press, 1977．

[5]　［美］METZGER T A, Metzger. Organizational Capabilities of the Ch'ing State in Commerce[M]．Stanford:Stanford University Press, 1972．

[6]　［美］METZGER T A. The internal Organization of Ch'ing Bureaucracy: Legal, Normative, and Communication Aspects[M]．Cambridge: Harvard University Press, 1973．

[7]　［美］MANN S. Local merchants and the chinese Bureaucracy, 1750-1950[M]．Stanford:Stanford University Press, 1986．

C．博硕论文

[1]　孙明．清朝前期盐政与盐商[D]．长春：东北师范大学，

2012.

[2] 张建强. 明清陕商经营艺术研究[D]. 西安：西北大学，2001.

[3] 李正亭. 滇盐与明清云南社会经济述论[D]. 昆明：云南师范大学，2002.

[4] 施义沧. 太平天国时期清政府淮南盐课之研究[D]. 成都：成都大学，2002.

[5] 吴海波. 清中叶江西中、南部地区盐枭走私初探[D]. 南昌：江西师范大学，2002.

[6] 吴建辉. 明清经济伦理透视[D]. 南京：南京师范大学，2005.

[7] 尹航. 晚清捐纳制度研究[D]. 长春：吉林大学，2005.

[8] 王勇红. 乾隆年间河东盐商经营状况分析[D]. 太原：山西大学，2006.

[9] 陈萍. 清代云南的盐业及相关问题研究[D]. 昆明：云南大学，2006.

[10] 朱治国. 北宋榷盐制度下国家与盐商关系探究[D]. 长春：东北师范大学，2006.

[11] 侯陆冉. 鸦片战争前清朝盐税法律制度研究[D]. 太原：山西大学，2007.

[12] 王景丽. 清前期内务府皇商范氏的商业活动探析[D]. 北京：中央民族大学，2007.

[13] 黄优. 清代广西食盐运销探析[D]. 桂林：广西师范大学，2008.

[14] 赖彩虹. 清代两广盐法改革探析[D]. 武汉：华中师范大

学，2008.

[15] 陈芳曾. 曾国藩对两淮盐务治理之研究[D]. 武汉：华中师范大学，2008.

[16] 杨欣. 扬州盐商住宅园林旅游资源可持续开发研究[D]. 扬州：扬州大学，2008.

[17] 陈永升. 从纳粮开中到课归地丁：明初至清中叶河东的盐政与盐商[D]. 珠海：中山大学，2002.

[18] 周俐. 清代广东盐业与地方社会[D]. 武汉：华中师范大学，2005.

[19] 纪丽真. 明清山东盐业研究[D]. 济南：山东大学，2006.

[20] 陈琳. 明清时期徽州盐商与新安籍画家群关系研究[D]. 北京：中国艺术研究院，2006.

[21] 吴海波. 清中叶两淮私盐与地方社会[D]. 上海：复旦大学，2007.

[22] 宋伦. 明清时期山陕会馆研究[D]. 西安：西北大学，2008.

[23] 李正爱. 江南都市群文化研究[D]. 上海：上海师范大学，2008.

[24] 王伯祺. 清代福建盐业运销制度的改革——从商专卖到自由贩卖[D]. 中国台湾：暨南国际大学，2000.

[25] 梁安琪. 战时"义"与"利"的纠葛：1938至1942年久大公司与自贡盐商纠纷研究[D]. 重庆：西南大学，2016.

[26] 王晋丽. 明清时期晋商与徽商伦理比较研究[D]. 太原：山西大学，2020.

[27] 钱成. 明清"海陵地区"文化家族与戏曲研究[D]. 福州：福建师范大学，2019.

[28] 杨建华. 明清扬州城市发展和空间形态研究[D]. 广州：华南理工大学，2015.

[29] 相晓燕. 清中叶扬州曲家群体研究[D]. 杭州：浙江大学，2010.

[30] 杨飞. 乾嘉时期扬州剧坛研究[D]. 上海：华东师范大学，2006.

[31] 朱平. 文人、戏曲、园林：清代寓扬徽商江春的生活世界[D]. 武汉：华中师范大学，2017.

[32] 冯丽弘. 李斗及其《扬州画舫录》研究[D]. 太原：山西师范大学，2014.

[33] 张艮平. 清代苏中地区慈善事业述论[D]. 苏州：苏州大学，2013.

[34] 陈凤秀. 清代寓扬徽州盐商社会网络研究[D]. 芜湖：安徽师范大学，2013.

[35] 王理娟. 扬州老城区盐商宅居空间特征研究[D]. 广州：华南理工大学，2012.

[36] 吴昊. 《邗江三百吟》与清代扬州娱乐文化[D]. 扬州：扬州大学，2012.

[37] 夏玉瑶. 扬州盐商七大内班研究[D]. 苏州：苏州大学，2011.

[38] 王万祥. 清代两淮盐官文学活动研究[D]. 扬州：扬州大学，2010年.

[39] 陈潇. 盐城海盐文化资源及其保护与开发利用[D]. 南京：南京农业大学，2009.

盐　　商

D. 期刊论文

[1] 陈锋. 清代食盐运销的成本、利润及相关问题[J]. 中山大学学报（社会科学版），2020，（5）.

[2] 张绪. 徽商研究的回顾与反思[J]. 中国经济与社会史评论，2013，（0）.

[3] 李貌. 红顶盐商王朗云[J]. 盐业史研究，2006，（1）.

[4] 朱宗宙. 盐商在扬州扮演的社会角色[J]. 扬州大学学报（人文社会科学版），2011，15（1）.

[5] 板俊荣. 论明清盐商"高文化"中的散曲曲唱艺术[J]. 淮阴师范学院学报（哲学社会科学版），2017，（1）.

[6] 王家范. 帝国时代商人的历史命运[J]. 史林，2000，（2）.

[7] 蔡春浩. 明清徽商对扬州文化的影响和贡献[J]. 西南民族大学学报（人文社科版），2005，（1）.

[8] 赵津，韩冬. 抗战时期企业社会责任的历史考察——以"永久黄"团体为例[J]. 历史教学（下半月刊），2012，（6）.

[9] 汪崇筼. 明代徽州盐商论述[J]. 盐业史研究. 2001，（1）.

[10] 倪玉平. 清道光朝黄玉林私盐案研究[J]. 安徽史学，2015，（1）.

[11] 史继刚. 中国古代私盐的产生和发展[J]. 盐业史研究，2003，（4）.

[12] 陈彩云. 元代私盐整治与帝国漕粮海运体制的终结[J]. 清华大学学报（哲学社会科学版），2018，（4）.

[13] 金钟博. 明代盐法之演变与盐商之变化[J]. 史学集刊，2005，（1）.

[14] 司志敏. 文化自觉与社会担当——扬州盐商对书院教育发展的贡献研究[J]. 贵州师范学院学报, 2019, （11）.

[15] 吴海波. 清代两淮盐业重要性之定性与定量分析[J]. 四川理工学院学报（社会科学版）, 2013, （2）.

[16] 何炳棣, 巫仁恕. 扬州盐商：十八世纪中国商业资本的研究[J]. 中国社会经济史研究, 1999, （2）.

[17] 宋良曦. 自贡盐业在抗战经济中的作用和贡献[J]. 盐业史研究, 1995, （3）.

[18] 陈锋. 清代两湖市场与四川盐业的盛衰[J]. 四川大学学报（哲学社会科学版）, 1988, （3）.

[19] 韩燕仪. 清代盐价制定中的政商关系——基于雍正初年湖广盐务风波和官员受贿案的考察[J]. 中国社会经济史研究, 2020, （1）.

[20] 李晓龙, 徐靖捷. 清代盐政的"节源开流"与盐场管理制度演变[J]. 清史研究, 2019, （4）.

[21] 黄炜炬. 社会资本对徽州盐商资本流向的影响[J]. 文教资料, 2019, （9）.

[22] 朱雄, 纪丽真. 20世纪以来清代两淮盐业研究述评[J]. 扬州大学学报（人文社会科学版）, 2017, （4）.

[23] 王振忠. 从民间文献看晚清的两淮盐政史——以歙县程桓生家族文献为中心[J]. 安徽大学学报（哲学社会科学版）, 2016, （4）.

[24] 汪士信. 乾隆时期徽商在两淮盐业经营中应得、实得利润与流向试析[J]. 中国经济史研究, 1989, （3）.

[25] 汪崇篔. 乾隆朝两淮盐商输纳的探讨[J]. 盐业史研究,

2003，（2）.

[26] 朱宗宙. 明清时期扬州盐商与封建政府关系[J]. 盐业史研究，1988，（4）.

[27] 林永匡，王熹. 清代两淮盐商与皇室[J]. 故宫博物院院刊，1988，（3）.

[28] 王纯. 自贡艺术与盐文化———一种对自贡彩灯、会馆、碑刻的历史考察[J]. 新西部（理论版），2012，（7）.

[29] 胡午兮. 近代盐业世家自贡胡慎怡堂史辑[Z]. 2007（自印本）.

[30] 于云洪. 论古代潍坊的盐政管理[J]. 潍坊学院学报，2012，（1）.

[31] 熊文昊，黄斯靖，蔡军，胡玉娟. 自贡盐商宅邸胡慎怡堂的历史文化内涵[J]. 盐业史研究，2019，（6）.

[32] 鲁子健. 抗日战争时期的四川盐业[J]. 盐业史研究，2008，（2）.

[33] 李建萍，樊嘉禄. 从清代扬州务本堂看徽州盐商商儒价值观的内涵[J]. 安徽史学，2010，（6）.

[34] 燕生东. 山东地区早期盐业的文献学叙述[J]. 齐鲁文化研究，2008，（0）.